기업의 성공 시크릿

시스템경영

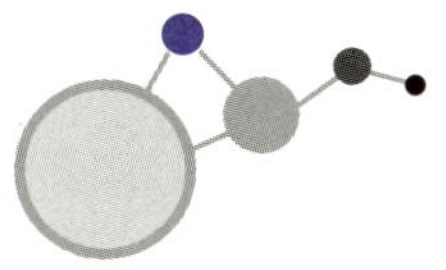

기업의 성공 시크릿 **시스템경영**

초판 1쇄 발행 | 2014년 1월 15일
초판 2쇄 발행 | 2015년 2월 10일

지은이 | 박주관
펴낸이 | 이성범
펴낸곳 | 도서출판 타래

주소 | 서울시 마포구 성지3길 29 그레이트빌딩 3층
전화 | (02)2277-9684~5, 070-7012-4755 / 팩스 | (02)323-9686
전자우편 | taraepub@nate.com
출판등록 | 제2012-000232호

ISBN 978-89-8250-036-7 13320

기업의 성공 시크릿

시스템경영

박주관 지음

경영혁신의 필수 도구, 시스템경영혁신!

최근 우리나라 10대 재벌그룹에 대한 매출액 및 영업이익 실적 구성비를 보면 삼성그룹의 총매출액은 10대 그룹 총매출액의 약 30%, 영업이익은 전체의 46.2%에 달한 것으로 나타났습니다. 매출은 10대 재벌그룹 합계의 약 1/3, 영업이익은 절반 수준에 가깝습니다. 삼성의 이런 저력은 과연 어디에서 나온 것일까요? 필자는 단연코 삼성의 '시스템경영' 결과라고 평가하고 싶습니다. 이것이 바로 많은 재벌그룹, 대기업, 중견기업 그리고 중소기업들이 삼성의 '시스템경영'을 배워야 하는 이유입니다.

삼성의 이건희 회장은 경영혁신에 대한 필요성을 강조하면서 자식과 마누라만 빼고 모두 바꾸라고 했습니다. 그만큼 무한경쟁시대에 살아남기 위해서는 경영혁신이 필요함을 강조한 것입니다. 경영혁신의 주 대상은 세 가지입니다. 첫째는 조직·인력·기업문화 혁신이며, 둘째는 원가절감 혁신이고, 셋째는 업무process & system

혁신입니다. 이 세 가지 혁신 대상을 일거에 해결할 수 있는 것이 바로 시스템경영혁신입니다. 결국 혁신형 기업은 시스템경영혁신 기업과 일치한다고 볼 수 있으며, 혁신형 기업으로 가는 지름길이 바로 '시스템경영'입니다.

시스템경영은 고효율, 자율경영 시스템!

혁신형 기업으로 골인하는 지름길인 시스템경영혁신 솔루션 [Wellbiz-sys(사업이 잘 되게 하는 시스템)]은 M전략시스템/시스템경영진흥원이 지난 2005년에 개발한 국내 최초의 시스템경영혁신 솔루션으로 다음과 같은 특징을 갖고 있습니다.

첫째, BSC(균형성과평가)처럼 성과평가See를 위한 부분 솔루션이 아니라 Plan(계획) - Do(실행) - See(성과평가)를 상호 시스템적으로 연계시켜 회사 내 대부분 업무가 물 흐르듯 체계적으로 추진될 수 있도록 설계되어 있습니다.

둘째, Plan(계획)은 100% 실행할 수 있도록 설계되어 있습니다. 즉, 비전 설정 → 경영 종합 진단 → Strategy Map 설계 → 중장기 경영전략 수립 → 연도 경영전략 수립 → 월별·분기별 부서 실행계획(예산계획 포함)수립, 개인별 목표 수립 및 실행계획 등의 프로세스를 시스템화 하였습니다.

셋째, Do(실행)는 월 또는 분기 단위의 목표 : 실적MBO관리, 주간 계획 : 실적관리, 지시 및 자가 업무 등록 및 진척관리, 진행업무 및 미결사항 관리, 전자결재·처리결과·통계관리 등 프로세스를 시스템으로 관리하고 각각의 업무 수행과정에서 임직원의 업무수행 질과 스피드를 평가함으로써 업무효율과 사무생산성이 지속적으로 향상되게 하는 고효율 업무실행 시스템입니다.

넷째, See(성과관리)는 단순한 균형성과관리BSC 차원을 넘어 Plan(계획)과 Do(실행)시스템을 전제로 한 목표관리MBO, 근무(역량)평가, 다면평가, 균형성과평가BSC등 현재 세계적으로 통용되고 있는 인사 및 성과관리 기법이 총망라되어 있을 뿐만 아니라 업무수행 과정에서의 업무 Quality와 Speed 평가, 그리고 종합(연봉제) 평가까지 총망라된 전사 - 부서 - 개인 종합평가 시스템입니다.

다섯째, 시스템경영혁신 솔루션 [Wellbiz-sys]는 Plan(계획) - Do(실행) - See(성과평가)의 핵심기능 외에도 자사 실정에 맞는 업무 프로세스 설계, 업무매뉴얼 제정 등을 통한 업무표준화 및 업무 정보창고·사내연수원·제안방 등 지식경영관리KMA 뿐만 아니라, 체계화된 전자문서 분류코드로 문서의 저장·검색 및 표준서식 관리, 전자문서 관리시스템, 그리고 사내메일·일정관리·회의관리·직원정보·커뮤니티 등 인트라넷 시스템도 구축되어 있는 간편하고 통합적인 시스템경영혁신 솔루션입니다.

시스템경영혁신은 늦춰서는 안 될 즉각적 실천 과제!

시스템이 없는 기업은 죽은 기업입니다. 생산성과 경쟁력, 조직 인력 관리 효율성이 낮아 업무의 질과 스피드가 떨어지고 인건비와 경비가 낭비됩니다. 더 이상 시스템경영혁신을 미루는 CEO와 임직원들이 있다면 이는 직무유기와 같습니다.

  시스템경영혁신은 머뭇거리거나 늦춰서는 안 될 즉각적 실천 과제이며, 고효율·자율경영을 앞당기는 절체절명의 기업혁신 과제입니다.

시스템경영혁신만이 살 길이다

  필자는 지난 27년간 경영컨설팅을 수행해 오면서 글로벌 기업 환경과 무한경쟁시대에 경영효율 및 생산성을 높여 기업 경쟁력을 높이고 기업이 살아남는 길은 '시스템경영' 밖에 없다는 결론에 이르렀습니다.

  M전략시스템/시스템경영진흥원의 비전을 "대한민국 시스템경영혁신의 본산"으로 삼아 우리나라 기업에 대한 시스템경영혁신 선구자로서의 역할을 컨설턴트로서의 제 직업적 사명으로 삼아 열정적으로 추진해 나가고자 합니다. 저의 이러한 계획이 성공적으로 추진되기 위해서는 독자 여러분의 많은 지도편달과 격려가 큰 힘이 될 것입니다. 독자 여러분의 회사와 여러분의 가정에 은총이 늘 함께 하시길 빌며, 사업과 하시는 일 모두가 성공적으로 이루어지시길 빕니다. 감사합니다.

대한민국 시스템경영 컨설턴트 1호
경영학박사 **박 주 관**

Chapter 02

비전 만들기와 경쟁력 강화 전략

Chapter **03**

전략계획 시스템과 전략경영

Chapter **04**

실행 및 목표관리 시스템

Chapter
05

BSC & 종합성과관리 시스템

≫그림 목차

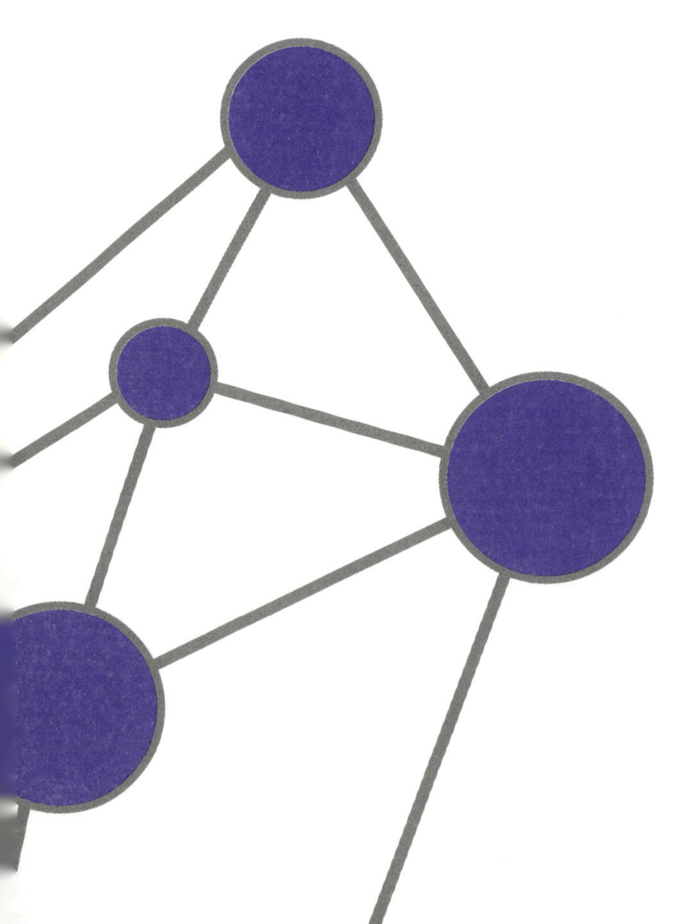

경영혁신과 시스템경영

좋은 기업과 위대한 기업

좋은 기업과 위대한 기업은 무엇이 다른가?

좋은 기업이 한 때 잘 나가던 기업이라면 위대한 기업은 과거에도 잘 나갔고, 현재에도 성장하고 있으며 미래에도 영속가능성이 높은 기업, 즉 지속경영가능 기업을 일컫는다고 말할 수 있다.

이런 위대한 기업의 가장 큰 특징이 바로 시스템경영 기업이라는 점이다. 회사는 경영자 1인 체제가 아니라 인재 내지는 조직 경영 체제이기 때문에 창업자 사후에도 지속경영 가능성이 높은 시스템 경영 기업인 경우가 많다고 볼 수 있다.

우리나라의 경우 대우가 한 때 좋은 기업이었다면 지속가능한 기업, 즉 시스템경영 기업은 유한양행, 삼성전자 등을 예로 볼 수 있을 것이다. 유한양행 등 유한계열의 회사들은 고 유일한 박사께서

나름대로 경영철학을 가지고 경영해 왔으며, 사후에도 시스템경영을 실천하는 대표적인 회사로서 지속가능경영 기업의 반열에 올려 놓아도 부족함이 없는 회사라 말할 수 있을 것이다.

또한 삼성전자도 지속적인 글로벌 경쟁력 유지, 미래 성장동력 개발의 문제 등 전혀 위기가 없는 것은 아니지만 우리나라 최고의 시스템경영 기업임을 부인하는 사람은 없을 것이다. 창업주인 고 이병철 회장에게서 경영을 물려받은 이건희 회장까지, 2대에 걸친 우리나라 최고의 기업인 동시에 세계 최고의 제품을 다수 확보한 초일류 기업으로서의 위치도 확보하고 있어, 우리나라 최고의 기업이라는 데 이의를 제기할 사람은 그리 많지 않다고 생각한다.

이런 의미에서 필자는 창업자들이 전문경영인이나 자녀들에게 단순히 재산이나 기업을 상속해 줄 것이 아니라, 경영시스템을 완벽하게 구축하여 시스템 기업을 물려주어야만 한다고 생각한다.

시스템이 없는 기업은 죽은 기업이며, 생산성이 낮고 경쟁력이 떨어질 수밖에 없다. 조직·인력관리 효율성이 낮아 업무의 질과 스피드가 떨어질 수밖에 없는 것이다. 그렇기 때문에 시스템경영은 머뭇거리거나 늦춰서는 안 될 기업경영의 즉각적 실천과제이며, 고효율·자율경영을 앞당기는 절체절명의 기업혁신 과제인 것이다. 그러나 삼성그룹과 현대자동차그룹의 삼세 경영 이후에도 지속경영이 가능할지는 아무도 장담할 수 없다. 문제는 지속가능 시스템이다.

위대한 기업으로부터 배우는 시스템경영 로드맵

위대한 기업의 공통점은 무엇일까?

미국의 한 연구팀에서 연구한 '좋은 회사에서 위대한 회사로'라고 하는 연구결과를 토대로 위대한 기업의 공통점을 살펴보면 시사하는 바가 매우 많다. 포춘지가 선정한 30년 이상 존속한 500대 기업 1435개를 1차 분석대상으로 하고, 이들 기업을 2차로 주가 데이터 분석을 통해 126개 사를 선정한 후 여기서 다시 미래 성장 가능 산업군인지 등을 고려한 산업분석을 통해 19개 사를, 그리고 최종적으로 지속가능 여부를 검토해 본 결과, 11개 사가 도출되었다. 이들 기업들을 통해 지속가능성이 높은 기업, 즉 위대한 기업들의 공통점을 살펴보면 다음과 같다.

첫째, 이들 위대한 기업들이 가진 공통점은 창의와 열정을 가진 인재들이 모인 회사들이었다. 물론 창업 초기부터 좋은 인재가 모인 것은 아니지만 그런 인재들을 줄기차게 교육하고, 그들이 하나의 규율 속에서 규율 있는 사고와 행동을 하도록 갈고 가다듬는 인재관리 시스템이 있었다는 점이다.

둘째, 기업경영 과정에서 부딪치는 숱한 경영상 어려움을 회피한 것이 아니라 냉혹한 현실을 직시하고 위기를 기회로 탈바꿈시키는 위기관리 능력이 뛰어난 기업들이었다. 결국 위대한 기업 뒤에는 위기관리 시스템이 존재하고 있었던 것이다.

셋째, 고슴도치가 지닌 동물적 특성인 자신을 다른 동물이나 위험으로부터 보호하기 위해 가시를 유일한 무기로 보유한 동물이란 의미에서 고슴도치 컨셉은 흔히 선택과 집중전략으로 비유된다. 신규사업 진출 시에는 선택과 집중전략이 필요하며, 외부 전문가의 자문과 철저한 시장조사, 사업타당성 분석 등 체계적이고 객관적인 검증과정을 거쳐 새로운 사업에 뛰어들 필요가 있다. 문어발식 경영에 익숙한 우리나라 기업들이 경계해야 할 대목이다.

넷째, 기술 가속페달, 즉 핵심기술을 바탕으로 다양한 초일류 1등 제품을 줄기차게 개발하여 어떤 경쟁회사에게도 추월당할 수 없을 정도로 스피드 경쟁력을 확보하고 있는 기업들이었다. 여기에도 업무의 질과 스피드를 중시하는 고효율·자율경영 시스템이 뒷받침되고 있었던 것이다.

결국 이 네 가지 요소를 집약해 보면 위대한 기업 뒤에는 완벽한 경영시스템이 있었다는 것이다. 앞에서도 지적했듯이 시스템경영은 이렇게 중요한 개념이라는 것을 알 수 있다.

그림 1-1 위대한 기업의 블랙박스 비밀

그림 1-2 위대한 기업의 공통점

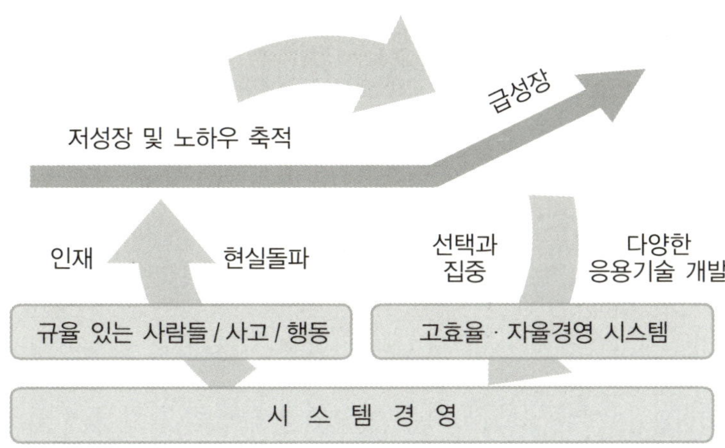
급성장
저성장 및 노하우 축적
인재
현실돌파
선택과 집중
다양한 응용기술 개발
규율 있는 사람들 / 사고 / 행동
고효율 · 자율경영 시스템
시 스 템 경 영

그림 1-3 월마트의 성장 Road Map

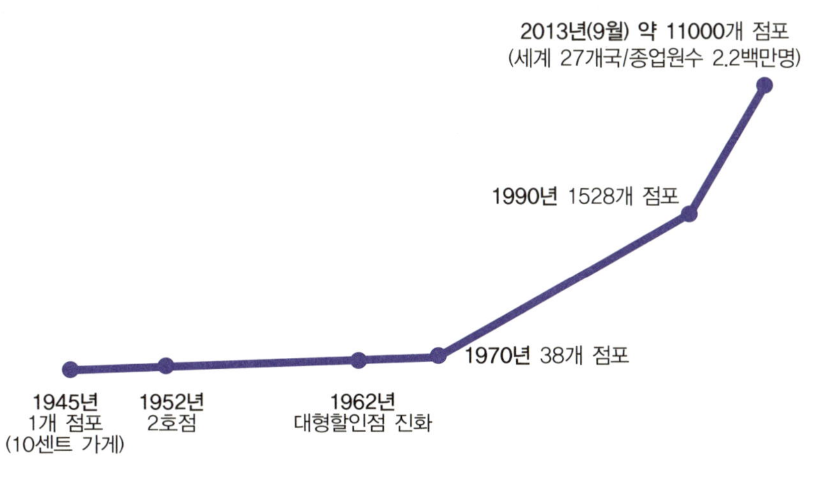
2013년(9월) 약 11000개 점포
(세계 27개국/종업원수 2.2백만명)
1990년 1528개 점포
1970년 38개 점포
1945년
1개 점포
(10센트 가게)
1952년
2호점
1962년
대형할인점 진화
현실돌파 ➡ 선택과 집중 ➡ 다양한 상품 개발

위대한 기업으로부터 배우는 핵심 실천 요소

(1)인재

첫째는 무엇(아이템)보다, 어떻게(업무방법)보다, 누구(사람)에게 초점을 맞춘다.

둘째는 부적합한 사람을 뽑아 동기부여를 한다는 것은 많은 비용과 관리 문제가 생긴다. 따라서 사람관리에서 가장 기본이자 핵심은 우리 회사에 적합한 인재를 선발해야 한다는 점이다. 그러므로 최적 인재를 뽑기 위한 채용 시스템을 갖추는 일이 최우선 과제다. 적합한 사람을 뽑으면 빡빡한 관리가 필요 없고, 특별한 경우가 아니면 해고의 필요성도 적고, 내부 동력에 따라 스스로 동기부여가 되기 때문에 최고의 성과실현도 가능하여 기업의 경쟁력과 경영효율이 오를 수밖에 없어 일거양득의 효과를 얻을 수 있다. 결국 부적합한 사람을 데리고서는 큰 비전도 쓸모없다고 말할 수 있을 것이다.

적합한 사람이 가장 중요한 자산 (실천 지침)

- 의심스러울 때는 채용하지 말고 계속 관찰한다.
- 성과평가시스템에 의거 우수자·부진자에 상응한 조치를 취한다.
- 최고의 인재는 문제가 가장 큰 곳이 아니라, 기회가 가장 큰 곳에 배치한다.

[표 1-1] 최적인재 선발 및 적재적소 배치 실천 지침

(2)현실돌파

　어떤 기업이든 성장과정에 위기가 없던 때는 없었을 것이다. 그러나 보통 기업과 위대한 기업의 차이는 이런 위기를 얼마나 슬기롭게, 회피하지 않고 냉혹한 현실을 직시하고 정면 돌파해서 위기를 극복했느냐 하는 점이다. 이러한 위대한 기업에게서 기업들이 배워야할 점들을 정리해 보자.

　첫째, 강자가 아니면 변하는 게 없다는 인식을 노사 간에 명확히 하여 경쟁기업과의 기업 전쟁에 절대 패배자가 되지 않겠다는 굳은 의지와 결전의지가 중요할 것이다.

　둘째, 철지한 실행을 위해 의사결정 과정에서 최상의 의사결정이 내려지면, 결정된 의사는 자연스럽게 노사가 힘을 합해 정면 돌파하고 그 결과는 반드시 성과로 연결시켜야 한다.

　셋째, 냉혹한 현실을 회피하지 않고 정면 돌파한 결과는 역경을 거치며 강한 회사로 발돋움하는 원동력으로 적극 활용하는 지혜가 필요할 것이다.

　넷째, 비전과 일치하지 않는 어떤 기회도 회피하며, 직원들에게 동기부여하는 에너지는 대부분 시간낭비임을 깨닫고, 평소 직원관리는 객관적인 성과평가 기준에 따른 철저한 성과주의 관리 시스템의 도입이 필요할 것이다.

　다섯째, 무엇보다 중요한 것은 냉혹한 현실 속에서도 성공할 거라는 CEO의 흔들리지 않는 믿음이 우리 기업들이 실천해야 할 핵심과제이다.

(3)선택과 집중

기업이 성장하는 과정에서 새로운 사업기회의 확보는 매우 중요한 일 중 하나임에 틀림없다. 그러나 많은 기업들이 새로운 신규사업 진출과정에서 오히려 실패의 쓴 잔을 마시는 경우가 많은 것이 현실이다. 따라서 기업실패로부터 우리 회사를 예방하는 방법 중 중요한 요소가 바로 고슴도치 컨셉이라 할 수 있다. 선택과 집중이 필요하다는 점을 간과해서는 안 된다.

선택과 집중 차원에서 기업들이 명심해야 할 선택과 집중 원칙은 다음과 같다.

첫째, 목표나 전략이 아니라 무엇에서 최고가 될 수 있는지를 알고, 이를 실천해야 한다.

둘째, 세계 최고를 만든다는 열정이 경영엔진이 됨을 명심하여 임직원 모두가 투지와 열정을 가질 수 있도록 부단한 교육과 기업문화 혁신에 온 힘을 다해야 할 것이다.

셋째, 고슴도치 컨셉에 가장 큰 영향을 미치는 단 하나의 기준은 단위당 수익 또는 cash flow임을 명심하고 고부가가치 창출 및 가치혁신에 온 힘을 다해야 할 것이다.

넷째, 고슴도치 컨셉을 잡기까지 평균 4년이 소요되는 것으로 알려져 있다. 따라서 조급한 마음은 절대 피해야 할 기업의 적이라

는 점을 명심하고, 조상들이 우리에게 물려준 은근과 끈기를 기업
경영에도 적용하는 지혜가 필요할 것이다.

(4)규율 문화

회사에 아무리 유능한 인재가 있어도 그 인재를 관리하고 성과를
높이는 규율 문화나 시스템이 없다면, 좋은 인재도 머지않은 장래
에 둔재로 둔갑할 가능성은 얼마든지 있다. 나쁜 습관, 좋지 않은
기업문화는 신속하게 전파되는 경우가 많기 때문이다.

따라서 개별회사에 적합한 규율 문화가 존재할 때 좋은 인재도
역할을 발휘하는 것이며, 냉혹한 현실도 돌파할 수 있는 힘이 생기
는 것이다. 이런 규율 문화를 정착시키는 실처 방법에는 어떤 것
들이 있을까?

첫째, 규율 있는 사람들, 규율 있는 사고, 규율 있는 행동에는 일
관된 시스템 고수가 필요하고, 그 시스템 체계 내에서 자유와 책임
이 부여되어야만 한다.

둘째, 조직 내에 정말 열정이 있고 놀랄 만큼 열심히 일해 고성과
를 실현하는 사람들로 가득한 기업문화가 존재해야 한다. 높은 성
과를 실현하는 직원을 인사·급여 등에서 차등적으로 보상해주는
제대로 된 성과평가 시스템이 있어야 한다.

셋째, 고슴도치 컨셉의 광적인 고수가 존재해야 하는 반면, 고슴
도치 컨셉 이외의 기회는 철저히 배척하는 기업풍토가 조성되고

실천되어야 한다.

넷째, 그만 둘 일에 대한 리스트가 해야 할 일에 대한 리스트보다 더 중요하다. 다시 말해 이것저것 불필요한 일을 벌이기 위한 리스트보다 오히려 불필요한 일의 리스트를 만들어 통제하고 자제하는 일이 필요한 경우가 많다는 점이다.

(5)기술 가속페달

기술 가속페달은 경쟁기업과 기술격차 내지는 경쟁력 확보를 위해 매우 중요한 개념이다. 삼성전자가 초일류 기업이 될 수 있었던 가장 중요한 요소가 바로 기술 가속페달 개념이다. 만약 삼성전자가 단순히 반도체 기술만 확보하고 있었다면 어떻게 되었을까? 아마도 또 다른 반도체 원천기술을 확보하고 있는 경쟁기업에 추월당해 오늘과 같은 삼성전자가 없었을 지도 모른다. 그러나 삼성전자는 '디지털 컨버전스 혁명을 주도하는 초일류 기업'을 비전으로 삼아 세계 최초로 다양한 초일류 제품을 꾸준히 개발하여 경쟁기업들이 추월하지 못할 정도의 응용기술 가속페달을 밟아 확실한 기술 경쟁력을 확보하여 기술 경쟁에서 앞서 가고 있는 것이다. 이런 개념이 바로 기술 가속페달 개념이다.

그러면 우리 기업들이 기술 가속페달을 장착할 수 있는 방법들은 무엇일까?

첫째, 기술을 추진력을 위한 발동기가 아니라 가속페달로 활용해야 한다. 원천기술만으로는 부족하며, 어느 경쟁자도 추월하지 못할 정도의 가속페달을 장착하여 다양한 응용제품들을 빠르게 개발할 수 있는 기술개발 시스템을 갖추어야 한다.

둘째, 어떤 기술이 고슴도치 컨셉인지 파악한 후 기술 가속페달을 장착한 시점인 돌파점을 통과하여 기술 응용에서 선구자가 되어야만 진정한 기술 경쟁력을 확보할 수 있는 것이다.

(6)고효율, 자율경영 시스템

위대한 기업이 되기 위해서는 네 가지 공통분모, 인재와 냉혹한 현실직시, 그리고 선택과 집중 및 기술 가속페달 확보가 필요하다는 점을 재강조한다. 그러나 이러한 네 가지 요소를 최종적으로 통제하고 컨트롤 하는 것은 다름 아닌 경영시스템임을 우리 독자들은 이미 간파 했으리라 생각한다.

결국 좋은 기업에서 위대한 기업으로 가기 위한 필수코스가 바로 시스템경영이며, 이런 시스템을 견고하게 구축한 기업들만이 영속 가능 기업이 될 수 있음을 재인식해야만 한다. 다시 한 번 강조하지만 무한 경쟁시대에 우리 기업들이 살아남는 길은 시스템경영밖에 없음을 꼭 명심해야 할 것이다.

02 경영혁신

혁신 성공 요소

흔히 혁신이라 하면 어느 날 갑자기 때려 부수고 고치는 대변혁이나 혁명 같은 개념으로 생각하는 사람들이 의외로 많은 것 같다. 그러나 경영혁신이란 추진해도 좋고 그렇지 않아도 되는 선택사항이 아니라, 지속적으로 추진되어야 할 기업경영의 핵심과제인 동시에 밥 먹듯이 반드시, 그리고 일상적으로 추진해야 할 필수 과제라는 사실을 잊어서는 안 될 것이다.

팽이에 계속 채찍을 가해야 죽지 않고 움직이는 것처럼 기업도 생존하기 위해서는 지속적인 혁신이 전제되지 않으면 안 된다. 운동선수가 국제대회에서 우승하기 위해서는 고된 훈련과 피나는 노력을 해야 하듯이, 기업도 경쟁에서 이기고 존속되기 위해서는 강도 높은 경영혁신을 중단해서는 안 될 것이다.

그러면 이런 기업 생존의 필수요소인 경영혁신이 성공하기 위해서는 어떤 요소들이 필요할까?

첫째, 근본을 준수하되 추진방법은 혁신적이어야 한다. 변칙적인 일, 기업경영의 근본을 흔드는 혁신은 해서도 안 되며, 하더라도 실패할 수밖에 없다. 따라서 혁신과제들은 다분히 원칙을 지키는 일, 예를 들면 누구나 공감하는 인사관리 기법인 성과관리시스템의 도입, 관행처럼 되어있는 영업활동에 있어서의 술·골프·커미션 등 접대문화(접대비는 결국 제품원가에 반영되어 제품가격을 올리지 않으면 안 되기 때문에 결국 기업에게 부담으로 작용)의 혁신 등이 경영 혁신 추진과제들이 될 수 있을 것이다. 이런 잘못된 관행을 타파하기 위해 정신 혁명과 함께 이런 방법들을 개선하기 위한 피나는 노력들이 필요할 것이다. 따라서 혁신에는 의례 고통이 따를 수밖에 없는 것이다.

둘째, 공감대 형성과 더불어 리더의 지속적인 추진력이 뒷받침되어야 한다. 직원들의 공감대 형성이 있을 때 경영혁신이 쉽고, 성공 가능성도 높을 수밖에 없다. 그러나 혁신에는 과거의 타성을 깨는 경우가 많기 때문에 반대에 직면하는 경우도 많은 것도 사실이다. 여기서 말하는 공감대 형성은 직원들의 동의를 얻어서 혁신을 추진하라는 뜻이 결코 아니다. 혁신 추진과제의 도출 필요성과 다소간의 어려움과 고통이 따르겠지만 반드시 추진해야 할 경영과제임을 제시하여 사장의 추진의지를 선언하고 동참을 구하는 절차를 거쳐야 한다는 점이다. 전혀 언급도 없이 어느 날 갑자기 선전 포고 식으로 추진해서는 안 된다. 민주주의에 다수결 원칙이 있듯이 최소한 50% 정도가 추진 필요성에 대해 공감대가 형성된다면 그 이후는 사장의 결단과 성공할 때까지 밀어 붙이는 추진력이 혁신의 성공요소가 된다. 아무리 좋은 경영혁신 과제라 해도 최고경영자의 지속적인 관심과 추진력이 없다면 성공할 혁신은 그리 많지 않을 것이기 때문이다.

셋째, 혁신은 스피드하게 진행해야 하고, 방법도 새로워야 한다. 혁신에 필요한 스피드는 기업에 있어서 생명과 같은 것이다. 이것이 생산성을 높이는 매우 중요한 요소이기 때문이다. 따라서 경영혁신은 스피드와 혁신적 방법으로 진행해야 한다. 과거에 쓰던 방법으로는 결코 혁신이 성공할 수 없다. 그것은 경쟁자는 뛰어가는데 우리 기업은 걸어가는 것과 비유할 수 있기 때문이다.

넷째, 혁신은 사람이 핵심이다. 사람이 변해야 혁신도 이루어지고 효과도 높아지기 때문에 사람이 주체이자 객체이다. 조직원의 변화를 전제로 구성원의 능력을 높여 주는 평생학습과 위임경영을 최대한 활용하여 한 두 사람이 운영하는 경영이 아니라, 조직이 움직이는 그런 형태로 바꾸기 위해서는 시스템을 바탕으로 하는 조직, 인력 및 문화혁신도 꾸준히 추진해야 할 과제인 것이다.

경영혁신의 대상

  경영혁신을 추진하기 위해서는 그 대상의 선정이 매우 중요하다. 기업마다 경영혁신 대상이 다르겠지만 공통점을 중심으로 살펴보면 다음 [그림1-4]와 같다.

그림 1-4 경영혁신 주요 테마

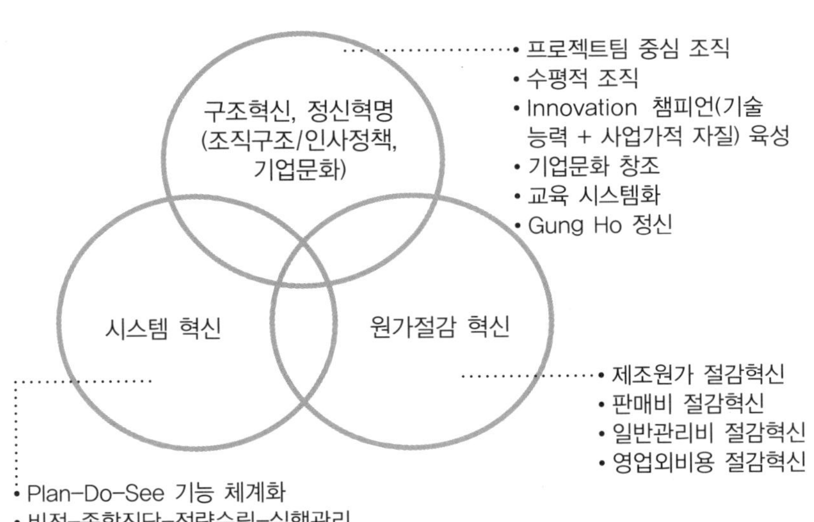

혁신은 실행이다

실행하지 않는 혁신은 죽은 혁신이다. 말로 거창하게 시작하고 결과가 없다면 그 혁신도 실패한 혁신이다. 실행해야 할 혁신과제와 주요 내용들을 살펴보면 다음과 같다.

(1) 리더십과 기업문화 혁신

기업성장의 양대 산맥은 리더십leadership과 기업문화 혁신이다. CEO나 중간관리자들이 단순한 리더십이 아닌 시스템 리더십, 성과중심형 리더십을 발휘해야 기업이 성장한다. 또한 리더십이 전 임직원의 공감대를 형성하고 일사불란하게 추진되기 위해서는 제대로 된 기업문화 정착 없이는 불가능하다. 리더십 및 기업문화 혁신과 관련된 키워드들을 살펴보면 다음과 같다.

- CEO의 강한 혁신의지 및 임직원 공감대 형성
- 인력과 사업의 정확한 파악
- 현실 직시
- 목표와 우선순위 명확화
- 적극적 추진
- 실적 보상
- 구성원 역량개발
- CEO 자기 인식

- 솔직한 커뮤니케이션 유도
- 수용 가능한 행동 규칙 제시
- 기업 문화 창조
- 교육 시스템화

(2)구조 혁신

모든 조직은 사람에 의해 움직여지고 성과가 실현된다. 따라서 조직을 강화시키기 위해서는 조직과 인력의 구조혁신이 이루어져야 한다. 구조 혁신과 관련된 키워드들을 살펴보면 다음과 같다.

- High Quality & High Speed 조직
- 성과중심 조직 및 인사
- 적재적소 배치
- 핵심역량 및 사업가적 자질을 가진 인재 육성

(3)원가절감

기업의 성과는 매출증대, 원가비용절감 및 수익극대화로 이루어진다. 그러나 매출증대는 고객의 도움 없이는 이루어질 수 없지만, 원가비용절감은 내부적으로 얼마든지 통제가 가능하다. 기업에서 보완해 나가야할 원가비용절감 시스템의 주요 내용을 살펴보면 다음과 같다.

- 원가관리 체계구축 및 담당부서 지정
- 원가관리 시스템 구축
- 원가절감에 대한 보상 시스템 구축
- 원가절감 부작용 예방

(4)경영시스템 혁신

기업경영의 기본 중에 기본이 경영시스템 구축이다. 창업기업이든, 소기업이든, 중소기업이든, 중견기업이든, 대기업이든 예외가 없다. 물론 공기업의 경우도 마찬가지다. 모든 기업에서 점진적으로 갖춰나가야 할 시스템경영의 3요소는 다음과 같다.

- 전략계획 시스템Plan
- 고효율·자율경영 시스템Do
- 성과관리 시스템See

시스템경영

시스템경영의 개념

시스템경영이란 회사업무의 일반적 단계인 Plan(계획), Do(실행), See(평가) 기능을 상호 체계적으로 연계시켜 연속성을 강화하고 각 단계별 업무를 시스템화 하여 경쟁력을 제고시키는 고효율·자율경영 시스템을 말한다. 즉 업무를 표준화, 시스템화하여 체계적으로 수행함으로써 업무의 질과 스피드를 제고시키는 동시에 생산성을 향상시키는 효율경영 시스템을 말하는 것이다.

종합적으로 살펴보면 시스템경영은 다음과 같은 통합적 의미를 갖고 있다고 말할 수 있다.

➤ 비체계적 업무수행 관행을 체계적 업무수행으로 바꾸는 것
➤ 바람 부는 대로 파도치는 대로 식의 무계획적 경영을 비전경

영으로 바꾸는 것

➤ Low Quality & Low Speed 경영을 High Quality & High Speed 경영으로 바꾸는 것

➤ CEO에 의한 경영을 조직에 의한 경영으로 바꾸는 것

➤ 수직(업무집중)경영을 수평(업무분산)경영으로 바꾸는 것

➤ 그리고 무엇보다 성과중심형 경영으로 바꾸는 것을 시스템경영이라 말할 수 있는 것이다.

시스템경영 기본체계

시스템경영은 중장기 경영전략계획과 연도 경영계획, 그리고 부서 및 개인 업무실행계획을 효율적으로 실행하기 위해 일상 업무를 효율적으로 수행할 수 있도록 업무프로세스를 설계하고, 그 프로세스를 통해 회사의 모든 업무를 매뉴얼화 하여 업무를 질 높고 스피드하게 실행함으로써 업무효율과 생산성을 높이는 데 목표가 있다. 또한 시스템경영은 계획 대비 실행 내용을 객관적인 성과관리 지표에 의해 전사·부서 및 각 직원들의 성과를 정확히 평가하고 이를 분석하여 더 나은 성과를 만들기 위한 일련의 과정을 체계적이고, 시스템적으로 운영함으로써 성과중심형 경영을 실현하는 핵심도구다.

시스템경영 기본체계를 살펴보면 다음 [그림1-5]와 같다.

그림 1-5 시스템경영 기본 체계

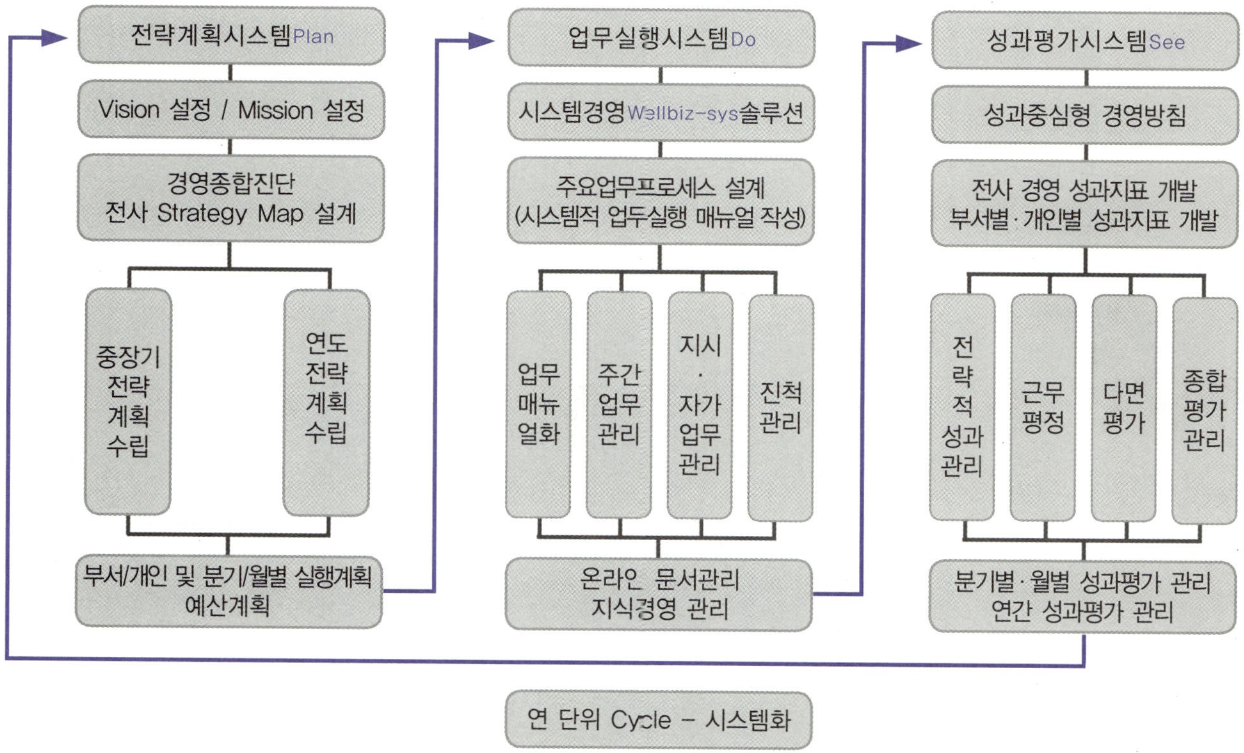

시스템경영 추진 단계

　시스템경영 도입은 다음과 같은 15단계로 나누어 추진할 수 있다. 시스템경영 추진 15단계를 살펴보면 다음 [표1-2]와 같다.

제 1단계	비전설정 및 종합진단 시스템	비전 설정 및 관리
제 2단계		시스템경영 종합진단
제 3단계	전략계획 시스템	중장기 경영전략계획 시스템
제 4단계		연도 경영전략계획 시스템
제 5단계		부서별·개인별 / 월·분기별 업무실행계획 - 실적관리 시스템
제 6단계		전략계획 종합관리 시스템
제 7단계	고효율 업무실행 시스템	업무프로세스 관리 시스템
제 8단계		업무매뉴얼 관리 시스템
제 9단계		업무실행 종합관리 시스템
제 10단계		전자문서관리 시스템
제 11단계		지식경영 관리 시스템
제 12단계	종합 성과관리 시스템	전사적 성과관리 시스템
제 13단계		부서별·개인별 성과관리 시스템
제 14단계		역량평가 및 다면평가 시스템
제 15단계		MBO/BSC 종합성과 관리 시스템

[표 1-2] 시스템경영 추진 15단계

시스템경영의 필요성

필자는 30년 가까이 경영컨설팅 및 최고경영자를 대상으로 출강을 하면서 설문조사 및 개별 CEO들과의 미팅을 통해 시스템경영이 안 되고 있는 이유, 시스템경영이 안 됨으로써 기업이 안게 되는 문제점, 그리고 그 해결방안을 찾고자 많은 노력을 경주해 왔다.

그 결과 기업에서 시스템경영이 안 되는 이유, 바꿔 말하면 시스템경영이 왜 필요한지를 네 가지로 요약할 수 있었다. 그 내용을 요약하면 다음과 같다.

(1)기업 목표, 비전 공유 부재

현안문제	해결방안
• 기업의 목표가 뚜렷하지 않다. • 특이한 기업문화와 전통이 없다. • 노사 간 비전 공유가 되어 있지 않다. • 신뢰경영, 투명경영 시스템이 구축되어 있지 않다. • 임직원에 대한 기본 정신교육을 소홀히 하고 있다.	• 기업문화 정립을 위한 의견 수립 • 기업문화가 정착될 때까지의 지속적인 관리 시스템 구축 필요 • 경영층의 비전제시(중장기 및 연도 계획에 반영, 창립기념일 등에 비전 재정립, 공포) • 대화 채널 상설 • 회계투명성 확보 시스템 구축 • 노사공감대 형성 • 주기적인 CEO 및 외부 전문가 초빙 교육 필요

(2)CEO의 의사결정 지연 및 오류

현안문제	해결방안
• CEO가 경영 잡무의 늪에 빠져있다. • CEO가 경영 우선순위 결정을 제대로 못 하고 있다. • CEO가 의사결정을 지연하여 업무추진에 병목현상이 자주 일어나고 있다	• 시스템에 의한 경영이 필요 • 업무의 과감한 이양 • 핵심 참모육성 • CEO 의사결정 과정에 외부 자문역, 경영 주치의제 도입

(3)중간허리(관리자) 및 핵심참모 육성 부족

현안문제	해결방안
• CEO가 핵심참모 양성을 제대로 못 하고 있다. • 중간관리자와 CEO 간 의사소통이 제대로 되고 있지 않다. • 중간관리자에 대한 정례적인 교육 시스템이 구축되어 있지 않다.	• 핵심참모 육성 토양 마련 • 핵심참모 육성 공감대 형성 • 고효율 경영 시스템 구축 • 중간관리자에 대한 객관적 평가 시스템 구축 • 주기적인 핵심참모 교육(사내, 사외) • 핵심참모 육성 및 예비 임원 육성 프로그램 개발

(4)자동 경영 시스템(프로세스화, 매뉴얼화) 결여

현안문제	해결방안
• 모든 회사 업무에 있어 Plan(계획) – Do(실행) – See(평가)시스템이 제대로 갖추어져 있지 않다. • CEO 지시에 의한 업무수행 패턴	• 회사의 전 업무에 대한 Plan(계획) – Do(실행) – See(평가) 시스템 구축 • 업무표준화 • 업무매뉴얼 구축

현안문제	해결방안
• 자율적 업무수행 관행 미비 • 주5일 근무제 시행에 따른 생산성 향상이 급선무 • 높은 업무의 질, 신속한 업무처리 훈련 필요 • 공정한 업무평가 시스템 부존재	• 지속적인 기본실무 교육 － 사무관리(총무, 인사, 재무회계)실무 － 기획실무 － 마케팅/영업실무 • 직무자격제 도입 • 창의력, 책임업무 수행 평가 시스템 구축 • 성과중심의 업무수행 시스템 구축

시스템경영이 필요한 기업 유형

시스템경영은 약방의 감초와 같이 경영 전 분야에 필요하다. 생산관리 · 영업관리 · 인사관리 · 재무관리 · 구매관리에도 Plan(계획) － Do(실행) － See(성과평가)가 필요하다. 시스템경영은 이와 같이 회사 전 업무에 걸쳐 적용되지 않은 곳이 없다. 필자가 "시스템경영 혁신만이 살 길이다"라고 주장하는 이유가 바로 여기에 있다. 따라서 시스템경영이 필요한 기업 유형은 모든 기업, 즉 공기업 · 사기업 · 정부 중앙부처까지도 시스템경영이 필요하다. 또한 사기업 중에서도 중소기업 · 중견기업 · 대기업을 총망라하여 시스템경영이 필요하지 않은 기업은 없다고 해도 과언이 아닐 것이다. 시스템경영을 도입하면 효과가 높을 시스템경영 필요 기업 유형을 살펴보면 다음과 같다.

➤ 고효율 및 자율경영을 추구하는 기업

➤ 경영혁신을 추구하는 중소·벤처기업

➤ 시스템경영을 통한 인력 효율화 희망 기업

➤ 주5일제 근무에 따른 사무생산성 향상을 추구하는 기업

➤ CEO의 잡무 탈피를 희망하는 기업

➤ 체계적인 중장기 및 연도 경영계획을 수립하고자 하는 기업

➤ 정확하고 객관적인 경영종합진단을 통한 전략경영을 추구하
는 기업

➤ 직원 이직이 잦아 업무 향상이 제자리 걸음을 하고 있어 업무
수준 유지를 희망하는 기업

➤ 업무의 질과 스피드 추구로 사무생산성을 높이고 싶은 기업

시스템경영 기대효과

　시스템경영은 정말로 우리 기업에 없어서는 안 될 기업 핵심과제인 동시에 기업 성장발전의 핵심 도구다. 기업경영 효율을 높이는 것은 물론, 지속가능 경영을 실현하게 하는 필수요소다. 대표적인 시스템경영의 기대효과를 살펴보면 다음과 같다.

➤ 2~3년내 업무의 질 3~5배 향상

➤ 2~3년내 업무 스피드 3~10배 제고

➤ 조직 및 인력관리 효율화

➤ 인건비·경비 등 절감 효과

➤ CEO 없이도 돌아가는 자율경영시스템 구축

➤ 매출 및 수익 실적 제고

➤ 연봉제의 객관적 데이터 생산 가능

➤ 합리적인 조직 및 인력 통제 가능

➤ 지식경영 가능

➤ 사내 커뮤니티 및 제안활동 활성화

시스템은 영원하다

시스템경영의 항구 목표

시스템경영은 일시적이 아니라 기업이 존속하는 한 항구하기 때문에 시스템경영의 추구 목표도 항구적 목표일 수밖에 없다. 이런 의미에서 시스템경영의 항구 목표는 다음과 같다.

- ➤ 비전 경영의 실현
- ➤ 경영종합진단에 의한 중장기 및 연도 경영전략 계획의 체계적 수립
- ➤ 계획 및 예산의 월별·분기별 실행시스템 구축
- ➤ 회사 전 업무의 체계화
- ➤ 고효율 및 자율업무 실행시스템 구축
- ➤ 전사적·부서별·개인별 완벽한 평가시스템 구축
- ➤ 업무의 매뉴얼화(업무수행 지침-표준Sheet-표준사례)를 통한 업무 질

과 스피드의 지속적 향상 도모

시스템경영의 지속적 업그레이드

시스템경영은 일시적인 것이 아니라 기업이 존속하는 한 지속되어야 할 경영 핵심과제이다. 현재 완벽한 시스템이라 하더라도 업력과 직원 수가 늘어나고 업무환경이 바뀌면 언제든지 기동성 있게 바꾸어 나가는 것은 어떻게 보면 당연한 과정이라 할 수 있다. 따라서 경영시스템도 이런 상황변화에 따라 지속적으로 업그레이드하지 않으면 안 된다.

시스템경영이 지속적으로 업그레이드 되어야 하는 이유는 다음과 같다.

첫째, CEO 또는 상사의 지시에 의한 업무수행 관행을 벗어나 직원 스스로 업무를 계획하고 실행하는 자율경영 시스템을 추구하기 위해서다.

둘째, 회사의 Plan(계획) - Do(실행) - See(평가) 업무의 반복적 수행 시스템을 통한 업무의 지속적 업그레이드가 필요하기 때문이다.

셋째, 실행을 위한 계획, 고성과 실현을 위한 실행, 평가결과를 반영한 계획수립 등 일련의 경영사이클 과정에서 상호 연계성을 강화함으로써 생산성 향상, 업무 효율 극대화 및 기업 경쟁력을 강화시키기 위해서다.

기업의 영원한 과제, 생산성 향상과 경쟁력 제고

기업이 성장해 가기 위해서는 생산성 향상과 경쟁력 제고가 필연적으로 수반되지 않으면 안 된다. 기업 생산성은 크게 노동생산성과 자본생산성으로 대별해 볼 수 있다. 노동생산성은 원래 종업원 1인당 부가가치를 말하는 것으로 업무의 질 향상과 신속한 업무 처리에 의해 이루어지는 경우가 많다. 또한 자본생산성은 부가가치를 총자본으로 나눈 개념으로 자본효율을 측정하는 지표로 많이 사용되고 있다. 흔히 자본생산성은 투자효율 극대화와 수익 극대화로 나타난다. 그리고 이런 생산성은 경쟁력 제고로 이어지고 높은 경쟁력은 결국 위대한 기업의 밑거름이 된다.

그림 1-6 생산성과 경쟁력 상관도

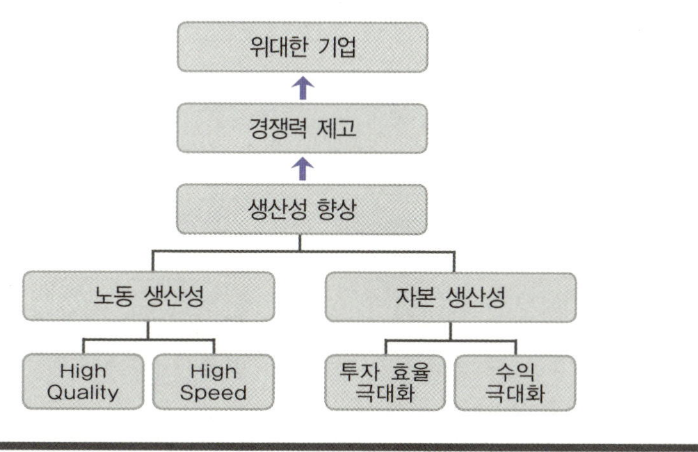

조직에 의한 자율경영의 실현

회사 규모가 커지고, 직원 수가 늘어나면 조직에 의한 경영시스템은 필수요소가 된다. 조직의 원리상 종업원이 10명 이상 되면 최고경영자 한 사람에 의해 운영될 수 있는 한계를 이미 벗어나고 있기 때문이다. 따라서 회사가 성장하는 과정에서 종업원 수가 늘어나면 조직에 의한 자율경영은 피할 수 없는 핵심과제일 수밖에 없다.

자율경영 실현이야 말로 회사 성장과 함께 고민해야 할 기업의 핵심 과제인 셈이다.

그림 1-7 자율경영 실현 메커니즘

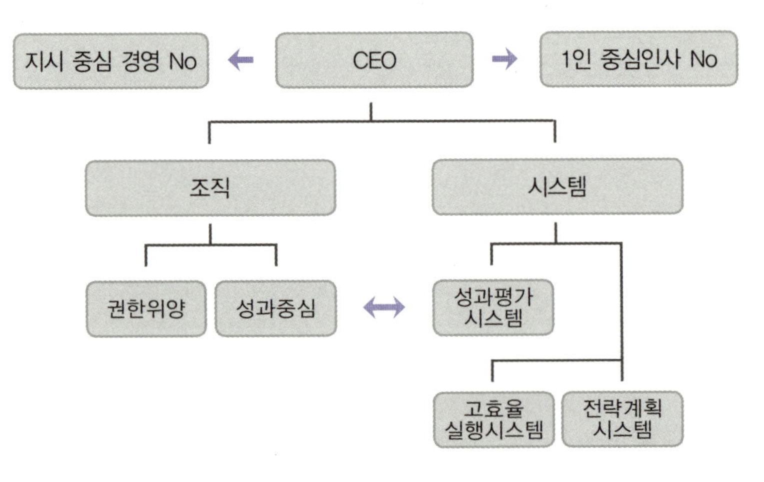

경영시스템이 견고해야 지속가능경영이 실현된다

지속가능경영이 최근 기업의 핵심 이슈가 되고 있다. 많은 기업들이 기업환경 적응실패, 무리한 사업확장, 노사관계 불안, 사회적 책임 결여, 회계분식 등 다양한 이유로 쓰러지고 있다. 한 기업의 성장은 종업원들과 사장의 희생과 피나는 노력으로 이루어진 피와 땀의 결정체임에 틀림없다. 이런 기업을 지키고 가꾸는 일은 비단 기업인의 몫만은 아니며, 전 임직원 모두의 사명이라 해도 과언은 아니다.

이런 의미에서 견고한 경영시스템 구축은 지속가능경영에 핵심 선세일 수밖에 없다. 이 밖에 장수기업의 전제 조건들에는 어떤 것들이 있는지 살펴보자.

첫째, 매출액과 이익증대만 실현되면 장수기업이 만들어지는 걸까? 기업은 오래 생존하지 못하면 의미가 없고, 지속적인 이익실현 없이는 장수가 불가능하다.

둘째, 결국 기업의 목표는 이익실현을 통해서 장수하는 것이라고 볼 때, 사장은 사회적 책임경영 · 윤리경영 · 환경경영이라는 대외적 역할을 수행하는 것에 그치지 말고, 이익을 기반으로 하면서 지속가능경영 실현을 위해 지속적으로 시스템경영을 실천해야만 한다.

셋째, 기업이 추구해야 할 지속가능경영은 내부적으로 이익기반을 구축하기 위한 혁신경영과 창조경영, 외부적으로 사회와 조화를 이루어가면서 장수기업의 기반을 구축하기 위한 사회적 책임경영 · 윤리경영 · 환경경영 뿐만 아니라 이를 지탱케 하는 시스템경영이 요체가 되어야만 한다.

흔히 인간이 추구하는 행복의 기준은 부귀영화라고 주장하는 이들이 많다. 그러나 "재산을 잃으면 조금 잃는 것이고, 명예를 잃으면 많이 잃는 것이며, 건강을 잃으면 모두 잃는 것이다"라는 경구를 부정할 사람은 없을 것이다. 그렇다면 인간은 재산보다 명예를, 명예보다 장수를 더 중요한 목적으로 삼아서 살아간다고 할 수 있지 않을까? 기업도 마찬가지 이치가 아닐까? 최종적으로 기업은 이익 추구와 함께 사회적 책임경영 · 윤리경영 · 환경경영과 더불어 완벽하고 견고한 경영시스템을 구축해 나아갈 때 지속가능경영, 즉 장수기업이 탄생할 수 있지 않을까?

그런 의미에서 창업주가 자신의 피와 땀으로 일군 기업을 자식이나 후계자에게 물려줄 때 단순한 재산이나 회사 지분의 승계보다는 오히려 기업이 소유주의 사후에도 영속할 수 있는 경영시스템을 물려주는 것이 무엇보다 중요함을 재인식하여야 할 것이다.

05 혁신형 기업과 시스템경영혁신 솔루션

혁신형 기업 육성정책 개요

정부 (중소기업청)는 2006년 7월부터 경영혁신형 기업 육성정책을 도입하여 시행 중에 있다. 벤처기업이나 이노비즈 기업에 편중되어 있는 중소기업 육성정책을 경영혁신형 기업에도 확대하기 위해 시행하고 있는 제도다. 시행된 지가 상당히 많이 경과했으나 아직도 이런 제도가 있는지조차 모르는 기업들이 많다. 그 동안 필자가 운영하는 M전략시스템/시스템경영진흥원에서 개발한 시스템경영 컨설팅을 통해 시스템경영 솔루션을 도입한 많은 기업에서 경영을 시스템적으로 운영함으로써 경영혁신형 기업 인증을 받은 업체가 상당히 많이 있다. 시스템경영 도입 실천 자체가 바로 정부가 추진하는 경영혁신형 기업이기 때문이다. 현재 정부(중소기업청)가 추진하고 있는 경영혁신형 기업 육성정책을 살펴보면 다음과 같다.

(1)경영혁신형 기업 개념 도입의 필요성

경영혁신형 기업 개념 도입은 다음과 같은 필요성에 기인하고 있다.

- 경영혁신의 확산
- 경영혁신과 관련한 시장 실패의 보완
- 경영혁신 제조기업의 발굴
- 경영혁신형 서비스 기업의 발굴

(2)경영혁신형 기업의 정의

경영혁신형 기업이란 경영혁신 결과의 사업화를 목적으로 현재 경영혁신 활동을 수행하고 있거나, 최근 3년 이내 경영혁신 활동을 수행하여 혁신 성과를 얻고 있는 기업을 의미한다.

경영혁신형 기업은 다음과 같은 요건 및 특성을 가지고 있다.

- 혁신 분야 : 경영혁신
- 업력 : 제한 없음
- 대상 업종 : 제조업 및 서비스업 전부
- 인증 방법 : 경영혁신형 기업 평가모델에 의한 인위적 인증 등이다.

58

특히, 경영혁신형 기업의 경우 제조업에서는 비교적 안정기에 접어들어 성장을 추구하는 기업이 이에 해당할 가능성이 높으나, 서비스업에서는 신생기업에서도 경영혁신형 기업이 많이 탄생할 수 있다.

(3)혁신형 기업의 유형 및 상호 관계

정부에서 육성하고 있는 혁신형 기업의 유형은 다음과 같이 분류할 수 있다.

- Inno-Biz 기업
- 벤처기업
- 국가 연구개발사업 참여 기업
- 경영혁신형 기업

(4)기술혁신과 경영혁신의 관계 및 구별

일반적으로 연구개발에서 신상품 완성까지의 과정은 공학적 기술 그 자체의 개발과 응용에 해당하는 것이므로 기술혁신에 해당한다. 한편, 제품 기획에서 생산 및 마케팅에 이르는 전 과정은 경영전략의 실천과정이므로 경영혁신에 해당한다. 따라서 일반적으로 경영혁신은 기술혁신을 포괄하는 개념이라 할 수 있다.

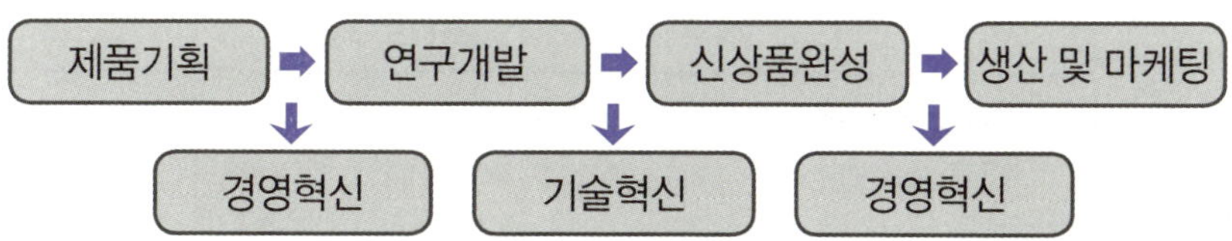

또한 제품 기획에서 연구개발에 착수하기 전까지의 과정과 신상품 완성에서 생산 및 마케팅까지의 과정, 그리고 그 후의 과정을 경영혁신으로, 연구개발에서 신상품개발에 이르기까지의 과정을 기술혁신으로 구분하고 있다. 그 이유는 연구개발에서 신상품 완성까지의 과정은 기술개발 및 그 응용의 과정이고, 제품기획과 생산 및 마케팅은 생산·영업·지원 부문에서 발생하는 활동이기 때문이다.

(5) 경영혁신형 기업 평가모델

중소기업청이 발표한 경영혁신형 기업 평가모델은 다음과 같다.

부문	항목	세부항목	배점
경영혁신 인프라 (370)	리더십 (240)	경영자 경영 능력	130
		경영비전	30
		전략계획	50
		전략 이행관리	30
	지속적 혁신 (130)	혁신 목표전개	90
		혁신관리	40
경영혁신 활동 (280)	인적자원관리 프로세스 (80)	인적자원 관리와 평가보상	30
		직원의 학습과 성장	30
		직원의 근무조건 및 업무환경	20
	고객 시장중심 프로세스 (60)	고객과 시장 이해	30
		고객관리	30

부문	항목	세부항목	배점
경영혁신 활동 (280)	생산/서비스 운영 프로세스(제조/서비스) (30/50)	상품/서비스의 제공 및 관리	10/20
		상품/서비스 제공의 품질관리	20/30
	생산설비 현황 (제조) (20)	생산설비 보유능력	10
		생산설비 현황/가동률	10
	측정·분석 및 지식/정보 관리 (90)	성과정보의 측정과 분석	30
		지식관리	30
		정보관리	20
		정보검색 및 분석능력	10
경영혁신 성과 (350)	비계량지표 (기업의 잠재적 가치 평가) (100)	사업의 안정성	20
		중장기 신사업, 신기술 개발계획	20
		혁신 활동을 통한 시장경쟁력 향상	20
		인력고용 효과	20
		혁신활동을 통한 매출액 향상	20
	계량지표 (재무적 및 시장성과 평가) (250)	성장성	30
		수익성	70
		안정성	120
		생산성	20
		효율성	10

[표 1-3] 중소기업청의 경영혁신형 기업 평가기준표

M전략시스템 / 시스템경영진흥원이 개발한 시스템경영 컨설팅 기법 및 시스템경영혁신솔루션 [Wellbiz-sys]는 정부가 추진하고 있는 경영혁신형 기업이 필수적으로 도입되어야 할 최고의 경영시스템임에 틀림없다. [Wellbiz-Sys]에 내포되어 있는 주요 기능 및 혁신형 기업이 되기 위한 기본 요건들을 살펴보면 다음과 같다.

핵심 기능	세부 내용
(1) 기업경영 체계화	• Plan – Do – See 기능의 체계화 • 균형 성장
(2) 비전경영	• 명확한 경영 방향 및 목표 설정 • 선택과 집중 경영
(3) 연 단위 종합경영진단	• 주기적인 자사 강 · 약점 분석 • Risk 요소 사전 차단
(4) 중장기 경영전략계획 수립	• 중장기 경영목표/전략 설정 • 연도 경영전략과 연계
(5) 연도 경영전략계획 수립	• 중장기 전략과 연계 • 계획 경영
(6) 부서 · 개인/분기 · 월별 실행 계획	• 실행을 위한 계획 : 목표 설정 • 부서 · 개인 단위 action plan
(7) 예산 계획	• 기업 단위의 세입(수입)/세출(지출) 계획 • 기업 단위의 예산 계획 체계화
(8) 업무프로세스화	• 효율경영의 기초단계 • 업무 체계화

핵심 기능	세부 내용
(9) 업무의 매뉴얼화	• 업무 표준화 • 기업의 잦은 이직에 대한 대응
(10) 주간 단위 업무 계획: 실적 관리	• 기초 기간 단위별 계획적 업무 수행 • 주 단위의 업무량/계획 달성율 측정
(11) 실행업무 등록 관리	• 지시업무의 체계적 관리 • 자가업무의 체계적 관리
(12) 업무 진척 관리	• 업무수행 단계별 체계적 진척 관리 • 개인 및 부서 진척 통합 관리
(13) 처리업무에 대한 종합 관리	• 미결/완결업무 구분 관리 • 일상업무 수행과정에서의 업무 질과 스피드 평가로 고효율 업무 실행시스템 구축
(14) 전자결재 시스템	• Off - line 결재 시간 단축 • 시공을 초월한 업무처리 가능
(15) 자사 경쟁력 평가	• 자사의 원초적 도산예방 가능 • 자사 경쟁력 강화 방안 강구의 시발점 역할
(16) 생산성 평가	• 전사 · 부서에 대한 생산성 측정 척도 활용 • 자사 생산성 향상 방안 강구의 시발점 역할
(17) 성과평가	• 전사 경영 성과평가 기능 • 부서별 · 개인별 성과평가 기능
(18) 종합(연봉) 평가	• 전사 · 부서 · 개인 평가종합 • 성과평가 결과에 의한 보수(연봉) 책정
(19) 사내연수원 체계 확립	• 기획관리 업무 지식 · 정보 제공 • 마케팅 / 영업업무 지식 · 정보 제공 • 사무관리(인사 · 총무)업무 지식 · 정보 제공

핵심 기능	세부 내용
(20) 정보 창고	• 업무정보 • 업무외 정보 • 독서정보
(21) 도서 · 자료 관리 체계화	• 도서 관리 • 자료 관리
(22) 제안 활성화	• 수시 업무 제안 • 제안자 – 평가자외 기타 직원 의견 참여 기회 부여
(23) 전자문서 관리 시스템화	• 종이 없는 사무실 환경 실현 • 서류함 제거로 사무공간 확장
(24) 전자문서 분류 코드화로 검색기능 강화	• 전자문서 분류 코드화 • 검색 기능 강화
(25) 지적재산권의 효율적 관리	• 지적재산권의 종류별 · 기간별 관리 • 지적재산권 등록 활성화
(26) 표준서식 관리 체계화	• ISO로 생성된 표준서식의 실질적 활용 시스템 • 표준서식 On – line상 즉각적 활용 가능
(27) 사내 커뮤니티 활성화	• 사내 공지사항 수시 공지 • 사내 메일 송 · 수신 • 자유게시판 · 토론방 · 설문조사 가능
(28) 체계적 일정 관리	• 전사/CEO 일정관리 • 부서/개인 일정 관리
(29) 회의 관리	• 회의 소집 관리 • 회의록 관리

핵심 기능	세부 내용
(30) 직원정보 관리	• 직원 기본정보 관리 • 직원 경조사 관리
(31) 업무수행 기본정보 관리	• 지시 받은 업무 List 관리 • 결재할 업무 List 관리 • 수신메일 List 관리

06 시스템경영 도입과 우리 회사의 미래상

시스템경영혁신의 기본 효과

시스템경영혁신의 기본 효과를 살펴보면 다음과 같다.

➤ 전 임직원의 시스템경영혁신 실천으로 경영전반에 걸쳐 체계적인 회사로 거듭 태어난다.

➤ 고효율 업무수행 체계 구축으로 전 직원의 업무 질과 스피드가 향상되어 생산성이 극대화 된다.

➤ 경쟁사 대비 경쟁력이 확보되어 지속적인 성장이 보장되고, 복리후생이 향상되어 일할 맛나는 삶터(직장)가 된다.

시스템경영의 핵심 효과를 크게 다섯 가지 항목으로 분류해서 살펴보면 다음과 같다.

(1)생산성 향상

- 물 흐르듯이 설계된 업무프로세스와 업무표준화 매뉴얼에 의한 업무수행으로 전사적 생산성 향상
- 업무의 질이 3년 내 3~5배 향상
- 업무의 스피드가 3년 내 2~10배 제고 및 노동생산성 증대

(2)원가절감

- 원가절감 시스템 구축
  - 원가요소별 관리시스템 체계화
  - 원가요소별 전담 관리부서 지정 운영
  - 원가절감 항목별 성과지표 개발
  - 원가절감 효과에 따른 보상체제 도입 실시
- 인건비 · 경비 등 절감 효과
  - 임직원 복리후생책 강구 및 복리후생비 여력 발생

(3)경영효율 극대화

- 조직 및 인력관리 효율성 제고

• 매출 및 수익력 제고

• CEO 없이도 돌아가는 자율경영 시스템 구축

• 보상체제 도입실시 및 성과중심형 경영 실현

(4)업무 편리성 제공

• 시공을 초월한 업무수행으로 (Web 근무환경) 재택 업무수행 용이

• 대고객 서비스 즉각 대응

• 견적 및 공사 수행실적 등 즉시 제시 대응으로 영업효과 극대화

• 업무표준화 실현으로 신입사원 채용, 직원 보직이동 및 퇴직시
  에도 즉각적인 대응 가능

(5)부대 효과

• 연봉제의 객관적 데이터 생산

• 합리적인 조직 및 인력 통제

• 지식경영

• 전자문서 관리

• 사내 커뮤니케이션 원활화

• 제안 활동 활성화

시스템경영 도입과 회사의 미래상

회사가 시스템경영을 도입하여 일상 업무를 수행함과 동시에 시스템경영 솔루션을 도입하여 전임직원이 지속적으로 사용하면 2~3년이 지난 후에는 다음과 같은 변화를 예상할 수 있다.

- 시스템이 완벽한 회사
- 생산성이 최고인 회사
- 경영효율이 최고인 회사
- 경쟁력이 최고인 회사
- 임직원 복리증진 가능성 증대

- 회사 발전과 더불어 임직원도 함께 성장하는 회사
- 좋은 기업을 넘어 위대한 기업으로 성장발전

시스템경영 도입과 회사의 미래상

시스템경영혁신 기업에서 시스템적 업무 실행 챔피언이 되는 7가지 습관

필자는 그 동안 정부투자기관과 재투자기관에서 샐리리맨으로 근무하면서 스스로가 일을 잘 하는 직원이 될 수 있는 방법을 연구하고 실천하여 핵심인재로 인정받고 활동한 바 있다. 또한 세 개의 회사를 경영하면서 일 잘하는 직원들의 공통점이 무엇일까를 관찰하는 과정에서 다음과 같은 일 잘하는 직원들의 공통점을 발견하게 되었다. 이런 일 잘하는 직원의 7가지 습관이 고스란히 M전략시스템/시스템경영진흥원에서 개발한 시스템경영 솔루션 Wellbiz-sys에 녹아 있다.

제1습관 : 계획성 있게 업무를 수행한다

➤ 월 단위 목표 – 주간계획 : 실적관리에 투철하다

➤ 주간계획 달성을 위해 일일 단위 업무실행 계획을 수립하여 업
  무에 착수하고 실행한다.

➤ 하루의 시작과 끝의 30분을 잘 활용한다.

➤ 매일 의미있는 일 한 가지를 발굴하여 반드시 실행한다.

제2습관 : 업무정보 및 자료수집·정리·분석·활용 메커니즘 에 익숙하다

➤ 업무정보 및 자료 수집·정리가 습관화 되어 있다.

➤ 자료 분석 및 활용 능력이 뛰어나다.

➤ 평소 자기계발에 열심이다.

➤ 정보관리·활용 메커니즘을 저작 및 강의 기회로 승화시킨다.

제3습관 : 업무실행 우선순위를 잘 정해 실행한다

➤ 주 단위로 진행업무/미결업무를 점검하여 업무실행 우선순위를
  정한다.

➤ 업무실행 우선순위 결정이 뛰어나다.

➤ 기본 업무수행 중간 중간에 부여된 추가업무에 대한 대응능력
  이 뛰어나다.

제4습관 : 평소 업무를 스피드하게 추진한다

➤ 남들보다 일찍 출근하여 하루 업무를 준비한다.

➤ 쓸데없는 일에 시간을 낭비하지 않는다.

➤ 시간을 효율적으로 관리한다.

➤ 맡은 업무를 정해진 시간 안에 반드시 처리한다.

제5습관 : 평소 업무수행 과정에서 High Quality를 추구한다

➤ 업무 1차 담당 선에서 빈틈없이 업무를 처리하려는 마인드를
  갖고 업무에 임한다.

➤ 평소 2중-3중의 업무수행 패턴(line 업무수행 관행)을 과감히 혁신하
  는 문화를 만들어 나간다.

제6습관 : 그날 할 일을 내일로 미루지 않는다

➤ 평소 미결을 최소화 한다.

➤ 그날 할 일은 그날 꼭 처리한다.

➤ 선행업무 지연으로 인해 추후 발생 업무에 영향을 미치지 않도
  록 업무를 미루지 않고 바로 바로 처리한다.

- ➤ 책임감 있는 업무자세를 견지한다.

- ➤ 타인을 의식하지 않고 솔선수범한다.

- ➤ 관련 부서 및 동료직원과 잘 융화하고 업무협조에 상호 적극적
이다.

- ➤ 탁상 기획을 지양하고, 필드의 의견을 최대한 반영하여 실현성
높은 업무를 기획하고 실행한다.

- ➤ 자신이 처리한 업무결과에 대해서는 항상 피드백하여 자가 점
검하고, 향후 업무추진에 개선하여 반영한다.

08 시스템경영에 목숨을 걸어라

시스템경영민이 살 길이다

현재 모든 기업은 국내외적으로 무한경쟁 상황에 있다. 하루가 다르게 경쟁회사들이 출현하고 있고, 경쟁 제품들이 쏟아져 나오고 있다. 거기에다 중국의 수많은 거대한 기업들이 저가 공세를 취하고 있고, 대기업은 중소기업에 원가전가를 시키고 있으며, 종업원들은 회사 경영성과와 무관하게 매년 일정비율의 임금인상을 요구해 오고 있다.

이런 상황에서 기업이 사는 길은 오직 시스템경영 밖에 없다고 필자는 단언한다. 평소 업무수행 과정에서 비효율을 제거하고 임직원들이 피나는 노력으로 원가절감을 해야만 살아 남을 수 있다. 나아가 최고의 경영효율과 1등 기업으로서 경쟁력 확보만이 지속가능경영을 실현하는 길임은 자명한 귀결이 아닐 수 없다.

'시스템경영만이 살 길'이라고 주장하는 구체적인 이유를 살펴보면 다음과 같다.

➤ 시스템이 없는 기업은 죽은 기업이다. 시스템경영이 지속가능경영의 핵심 중의 핵심이기 때문이다.

➤ 기업의 인재는 시스템에 의해 만들어진다. 인재도 시스템이 없으면 둔재가 되고, 둔재도 시스템이 있으면 인재가 된다.

➤ 무한경쟁 시대에 시스템경영만이 생산성 향상과 경쟁력 제고를 가져올 수 있다.

➤ 경영시스템이 완비되지 않은 상태에서 주5일 근무는 야근과 미결만을 양산할 뿐이다.

➤ 사무생산성 향상High Quality & High Speed과 고효율 · 자율경영 시스템이 그 어느 때보다 필요한 때다.

➤ 시스템의 뒷받침이 없는 단순한 BSC 도입은 실패로 끝날 확률이 높다. 시스템경영Plan-Do-See 틀 속에서 성과관리 시스템이 도입되어야 성공한다.

우리 회사의 시스템경영 추진 방법

시스템경영의 중요성과 기대효과는 이미 살펴보았다. 시스템경영의 필요성을 인식했다면 이제 우리 회사에 도입하여 시스템경영을 실천하는 일이 다음에 해야 할 최우선 과제다. 시스템경영은 더 이상 머뭇거리거나 미뤄서는 안 될 우리 회사의 최우선 실천 과제다. 우리 회사에서 시스템경영을 도입하는 순서 및 방법은 다음과 같다.

(1)시스템경영 도입 순서

첫째, 시스템경영을 단계별Plan-Do-See로 추진하는 방법으로 먼저 전략계획 시스템을 체계적으로 도입한 후 효율적인 실행관리 시스템을 도입하고, 이어서 성과관리 시스템을 도입하는 방식으로 시스템경영 15단계를 차례대로 구축해 가는 방식이다. 이 순서는 시스템경영을 도입 실천하는 원치적인 순서이지만 기간이 오래 수요된다는 단점이 있다.

둘째, 종합성과시스템(BSC 등)을 먼저 도입한 후 역순으로 선행시스템인 전략계획시스템 - 고효율 업무실행시스템을 점진적으로 구축하는 방법이다.

(2)시스템경영 도입 방식

첫째, Plan(계획)-Do(실행)-See(평가)가 동시에 내포되어 있는 M전략시스템/시스템경영진흥원이 국내 최초로 개발한 시스템경영혁신 솔루션인 [Wellbiz-Sys]를 도입하여 시스템경영을 실천하는 방법이다.

[Wellbiz-Sys]솔루션은 전략계획뿐만 아니라 실행관리 시스템과 성과관리 시스템이 통합적으로 개발된 시스템경영혁신 솔루션이다.

둘째, 표준형 솔루션으로 Plan(계획)과 Do(실행)는 [Wellbiz-Sys]와 같으나, SEE 부분이 BSC 성과관리 시스템이 아닌 MBO(목표관리)형태로 개발된 중소기업에 적합한 표준형 솔루션이다. 종업원 30명 이내의 기업에는 제대로 된 성과관리 시스템 보다는 1차적으로 MBO(목표관리) 시스템을 도입하여 사용하다 조직이 커지고 기업 규모가 커지면 그때 제대로 된 BSC 성과관리 시스템을 도입하더라도 늦지 않다.

시스템경영 도입을 위한 변화와 혁신 마인드

시스템경영을 도입하기 위해서는 전임직원들의 변화와 혁신 마인드가 필수요소다. 시스템경영을 실천하여 초일류 기업이 되기 위해서는 다음과 같은 일련의 사례와 사회현상들을 직시하고 나부터 변화하고 혁신하겠다는 실천의지를 가지고 변화와 혁신의 선봉장이 될 때 나의 발전과 더불어 회사의 성장에도 기여하는 조직원이 될 수 있을 것이다. 변화와 혁신 마인드를 일깨워주는 다음 글귀들을 재음미해 보자.

➤ 삼성 이건희 회장
  "자식과 마누라만 빼고 모두 바꿔라"
➤ 45정↔38선 시대
  "현실에 안주하는 샐러리맨에게 미래는 없다."

➤ 일개미 천국 & 놀개미 천국

"입사할 때도 시험이 없고, 입사해서도 시험(성과평가)이 없는 회

사는 놀개미들의 천국"

➤ 변화와 혁신 없이 우수기업이 될 수 없다.

➤ 객관적인 성과평가 시스템이 없는 회사는 페어플레이를 할 수

없는 진흙탕 싸움터다.

시스템경영 성공을 위한 Plan-Do-See의 균형

시스템경영이 중요함에는 틀림없는 사실이지만 시스템경영 자체
보다는 시스템경영을 통해 최상의 성과를 내는 것이 중요하다. 따
라서 높은 성과를 실현하기 위해서는 Plan(계획)-Do(실행)-See(평가)
의 균형이 필요하다.

필자는 그 동안 많은 기업의 컨설팅을 수행하면서 최상의 균형은
전략계획(Plan)에 20%, 성과평가(See)에 20%, 그리고 실행(Do)
에 60% 정도의 비중을 두는 것이 가장 조화로운 전략계획-업무실
행-성과평가의 3대 조화라 생각하고 있다. 전략계획 및 성과평가
도 중요하지만 실행이 전제되지 않은 전략계획과 성과평가는 의미
가 없다. 계획을 위한 계획이나 실행없는 성과는 이루어 질 수 없
기 때문이다. 결국 실행이 제일 중요하다는 의미다.

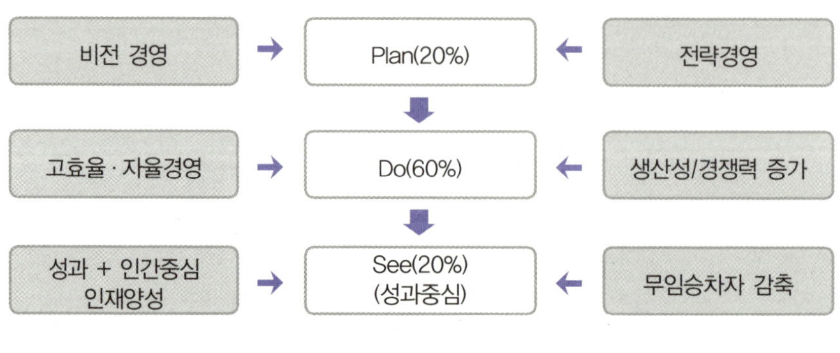

시스템경영은 위대한 영속기업으로 가는 지름길

시스템경영은 위대한 영속기업으로 가는 지름길이다. 시스템이 견고하면 그만큼 경영효율이 높고, 생산성도 높아질 수밖에 없다. 경영효율과 생산성이 높아지면 수익성이 향상되고, 수익성 향상은 결국 생산성으로 이어져 전반적으로 지속가능기업으로서 현금흐름 개선과 함께 안정적인 경영의 기틀이 마련되는 계기가 된다.

이와 같은 시스템경영 효과는 좋은 기업을 넘어 위대한 기업, 그리고 초우량기업으로 성장하게 된다. 나아가 견고한 경영시스템으로 인해 기업 체질강화에도 일조를 하게 되어 결국 위대한 기업의 반열에 오르는 영예를 안게 된다.

시스템경영의 근본효과와 시스템경영의 주변 개념들을 종합정리하면 [그림1-9] 시스템경영 기본효과 및 관련 개념도와 같다.

그림 1-9 시스템경영 기본 효과 및 관련 개념도

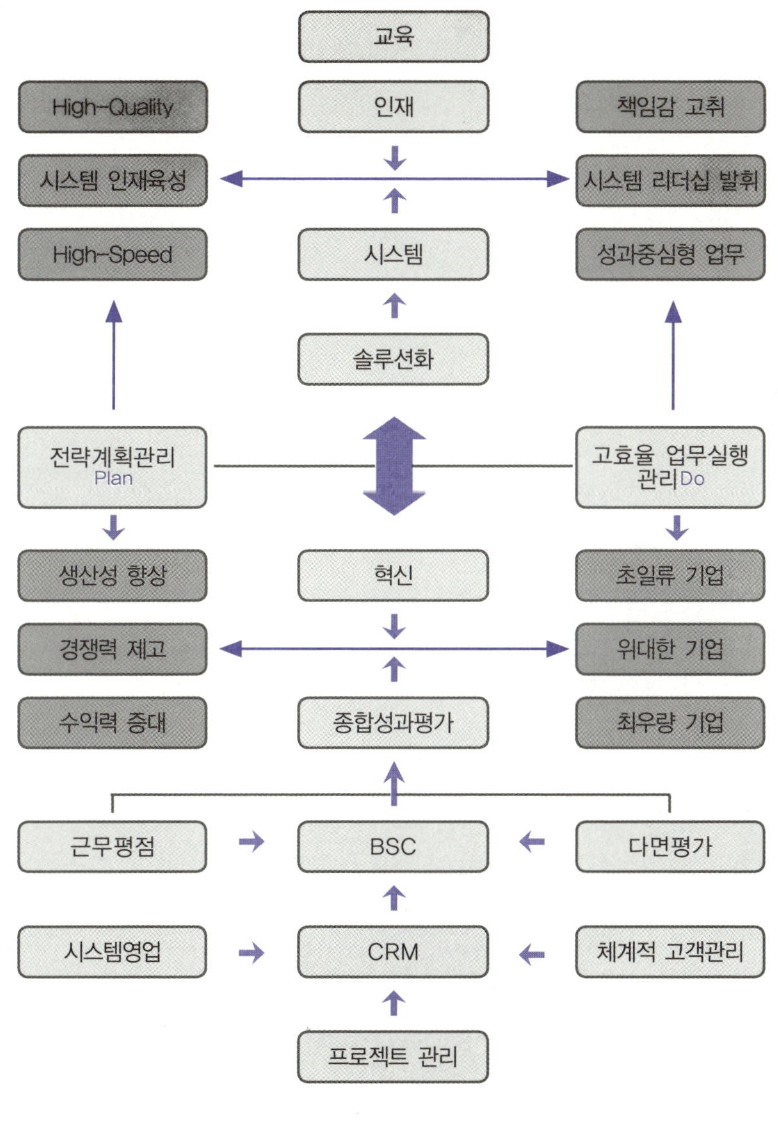
교육
High-Quality
인재
책임감 고취
시스템 인재육성
시스템 리더십 발휘
High-Speed
시스템
성과중심형 업무
솔루션화
전략계획관리
Plan
고효율 업무실행
관리Do
생산성 향상
혁신
초일류 기업
경쟁력 제고
위대한 기업
수익력 증대
종합성과평가
최우량 기업
근무평점
BSC
다면평가
시스템영업
CRM
체계적 고객관리
프로젝트 관리

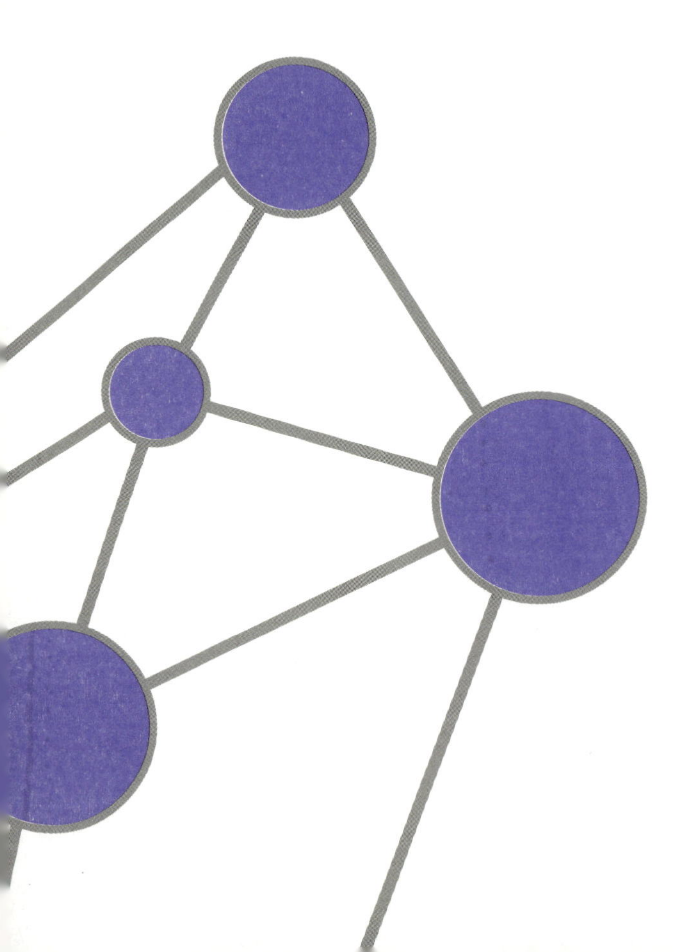

비전 만들기와 경쟁력 강화 전략

비전VISION 만들기

비전 · 전략 · 전술의 상호관계

(1)상호관계도

비전은 전략 · 전술과 서로 밀접한 관련을 갖고 있다. 비전에 대한 명확한 개념 정리를 위해서는 비전 · 전략 · 전술의 상호관계부터 정확히 이해할 필요가 있다. 비전 · 전략 · 전술의 상호 관계도를 살펴보면 [그림2- 1]과 같다.

(2)전략 결정 핵심요소

전략은 기업경영과 관련한 다양한 의사결정 과정에서 결정된 의사의 성공적 추진을 위해 중요한 추진력의 동인을 제공하는 하나의 결정체 역할을 한다.

이런 과정에서 전략 결정의 핵심요소에는 어떤 것들이 있는지 살펴보자.

- 제품(또는 서비스) : 생산라인 전략과 제조 전략(또는 서비스 전략)
- 고객(또는 시장 구성) : 서비스 하고 있는 고객과 그들에게 다가갈 수 있는 방법
- 자금 흐름(금융 전략)
- 인력과 조직
- 인프라

그림 2-1 비전 · 전략 · 전술의 상호관계도

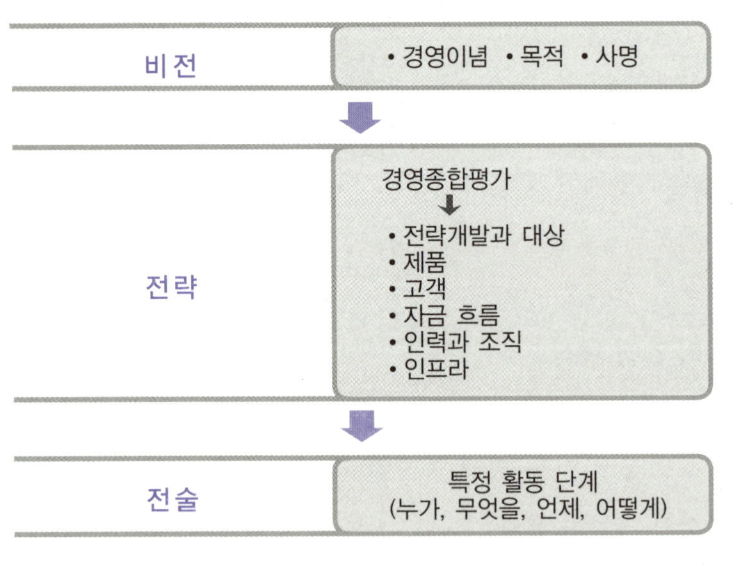

(3)비전 각 개념의 속성

광의의 비전 개념에는 핵심가치와 믿음, 협의의 비전, 그리고 사명의 개념이 내포되어 있으며, 앞에서 살펴본 바와 같이 전략 및 전술 개념과도 상호 연관을 맺고 있다. 이들 관련된 각 개념의 핵심 속성을 살펴보면 다음과 같다.

- 핵심가치와 믿음 : 거의 변하지 않는다.
- 협의의 비전 : 미래 회사 경영의 나아갈 방향(나침반)을 제시한다.
- 사명 : 사명이 달성되면 새로운 사명을 세워야한다.
- 전략(3~5년)
  - 전략 결정과 내상 : 제품/고객/자금흐름/인력과 조직/인프라
  - 중장기-연도 계획이 연계되어야 하고, 사명을 새로 세울 때는 전면적으로 손봐야 한다.
- 전술 : 특정 활동단계에서 상황변화와 여건에 따라 조정해야 한다.

비전의 공유

비전은 회사가 나아가야 할 통일되고 정확한 방향을 제시하는 역할을 한다. 반면 임직원들은 그 비전에 따라 스스로 명확한 목적지를 설정하고 나름대로 전술을 개발, 실행하여 회사 발전에 이바지하게 된다. 따라서 비전에 있어 가장 중요한 것이 바로 공감대

형성이다. 경영층의 일방적 제시에 의한 비전이나 공감대 형성이
없는 비전의 실현은 그 효과 면에서 많은 차이가 날 수 밖에 없다.
그만큼 비전의 공유 문제는 중요한 것이다.

그림 2-2 비전 관련 개념도

VISION
(경영나침반)

회사 : 정확한 방향 제시 / 직원 : 명확한 목적지 설정

경영이념
- 개념 : 비즈니스의 동기를 부여하는 지도원칙과 신조체계
- 노사가 간직하고 있는 믿음과 가치
- 신성하게 집행되어야 할 결코 포기할 수 없는 원칙
- CEO의 비즈니스 철학

협의의 비전Vision
- 개념 : 항상 지평선에 있어 결코 도달할 수는 없지만 임직원을 앞으로
  나아가게 하는 북극성과 같은 경영 나침반이다.
- 기업 실존의 근본 이유, 성장의 지렛대
- 기업이 고객의 기본적인 욕구를 충족시키는 추구방향

사명Mission
- 개념 : 언제든지 올라갈 수 있는 산, 또 다른 산(달성 가능한 목표)
- 노력을 기울일 때 무엇에 주안점을 두느냐 하는 것
- 훌륭한 사명은 확실한 목적지(종착지)가 있다.
- 직원들을 활기차게 만드는 목표

명확하고 공유할 수 있는 비전의 전제조건

비전이 성공적으로 달성되기 위한 전제조건을 살펴보면 다음과 같다.

첫째, 쉽게 이해하도록 명확하고, 회사 핵심 인물들이 공유할 수 있어야 한다.

둘째, 회사 발전을 위해 명확하게 공유할 수 있는 비전을 촉진 시키고, 그 비전을 추구하기 위해 매진할 수 있어야 한다.

셋째, 기업의 성장 방향과 경쟁우위 원천을 제시할 수 있어야 한다.

국내외 기업의 비전 사례

국내외 기업의 비전 사례와 사명mission, 경영 이념과 철학 등을 살펴보도록 하겠다.

(1)M사의 사례
- 핵심가치와 믿음
  - 우리는 무엇보다도 고객을 위해 봉사하는 우리의 능력을 높이 평가하는 한편, 윤리와 성실을 최고 덕목으로 여긴다.
  - 우리는 고객·직원 및 우리가 속하는 사회를 최우선으로 여긴다.
  - 우리는 고객·공급업체·정부·일반대중에게 최선을 다할 뿐만 아

니라 과학이 인류의 요구에 부응할 수 있도록 연구에 전념한다.

- 미래가 직원의 지식·상상력·기술·팀워크·충성에 달려 있다는 판단 아래, 우리는 이 같은 특질을 무엇보다 중요하게 여긴다.

• 목적

- 우리는 인간적인 삶을 유지하고 개선하는 사업에 매진한다.

- 따라서 우리의 비즈니스는 어느 것이나 이 같은 목적 달성에 비추어 평가해야 한다.

• 사명

- 2030년대에는 M사를 세계 최고의 제약 업체로 만들자.

(2)G사의 비전 사례

• 핵심가치와 믿음

우리 회사의 근본적이고 신성불가침한 핵심가치와 믿음은 다음과 같다.

- 최고의 제품 : 우리는 수익실현이 아니라 시장에 독특하게 기여해야 한다는 목적 아래 제품을 출시한다. 따라서 우리의 제품은 혁신적이고, 고품질이면서, 동일한 제품 계열에서는 당연히 최고가 되어야 한다.

- 황금률 : 우리가 다른 사람에게 대우받고 싶은 만큼 다른 사람을 대우한다.

- 팀워크 : 우리는 한 명의 구성원이라도 소중하게 생각한다. 언제나 내가 아닌 우리를 생각할 줄 알아야 한다.

- 최선의 노력 : 저마다 맡은 일에 최선을 다해야 한다. 90%로

는 부족하다. 100% 이상 노력해야 한다.

- 디테일 : 아주 작은 일도 소중히 여긴다. 신은 아주 작은 곳
까지 지켜보고 있다.

- 정직 : 우리는 정직하다. 우리는 헌신하며 늘 한결 같으며 공
정하다.

• 목적

우리는 삶을 좀 더 윤택하게 하기 위해 고품질의 혁신적인 제
품 생산에 매진한다.

• 사명

우리의 사명은 당사를 위대한 기업으로 성장 발전시키는 것이
나. 우리는 2030년까지 자진거 업계에서 세계 최고의 기업으
로 인정받을 것이다.

(3)삼성전자의 비전 사례

• 경영이념 및 철학

인재와 기술을 바탕으로 최고의 제품과 서비스를 창출하여 인류
사회에 공헌한다.

- 고객과 함께 생각한다.

- 세계에 도전한다.

- 미래를 창조한다.

• 비전

- 디지털 컨버전스 혁명을 주도하는 초일류 기업

• 사명

혁신적인 디지털 제품과 e-프로세스를 통한 디지털 컨버전스 혁
명을 주도하는 기업

- 사업 구조 재구축(디자인- 융복합화- 네트워크화)

- 비즈니스 프로세스 혁신Simple- Speedy

(4)벤처 중소기업의 비전 사례

• D사 (벤처기업 리딩 컴퍼니)

- 인터넷 미디어 기업

- 인터넷 비즈니스 리더

• A사의 핵심가치

"영혼이 있는 기업"

- 우리 회사는 단순히 돈을 벌기 위해서 만들어진 것이 아니다.

- 우리 회사는 가치관과 존재 의미를 가지고 있는 영혼이 있는

  기업이다.

핵 / 심 / 가 / 치

••

1. 우리 모두는 자신의 발전을 위하여 끊임없이 노력한다.

2. 우리는 존중과 신뢰로 서로와 회사의 발전을 위하여 노력한다.

3. 우리는 고객의 소리에 귀를 기울이고, 고객과의 약속은 반드시 지킨다.

- A사의 존재 의미

"살기 좋은 사회를 만드는 데 기여하는 의미 있는 일"

존 / 재 / 의 / 미

● ●

1 우리는 끊임없는 연구 개발을 통하여 함께 살아가는 사회에 기여한다.

2 우리는 2030년에 세계 5대 보안 전문회사에 진입할 것이다.

(5)S사의 비전 사례

- 경영이념 및 철학

  회사의 존재 의미는 종업원 · 고개 · 주주가 만족하는 "수익
  창출"에 있다.

  - 회사 존재의 가치는 "건강한 사회로의 기여"를 통해 높여 나간다.

  - 회사 발전의 주체는 "사람"에 있고, 개인의 발전은 "현업"과
    관련하여 "신뢰", "성실", "열정", "창의" "능동적 업무자세"
    이상의 방법은 없다.

[참고사항]

1. CEO의 경영이념 및 개인적 믿음을 경영이념 및 철학과 비전으로 나
   누어 정리

2. 회사 존재의 의미는 CEO의 첫 번째, 두 번째 경영이념의 핵심 요소
   를 포함

3. 회사 존재의 의미 중 종업원- 고객- 주주는 회사 핵심 고객에 대한 우선순위를 규정

4. 회사 존재의 가치는 CEO의 "사회기여"란 경영이념에 자사 제품의 Well Being성을 내포시켜 "건강한 사회로의 기여"로 부분 수정

5. 회사 발전의 주체는 CEO의 개인적 믿음인 인적자산(인재의 중요성)을 강조

6. 개인의 발전은 CEO의 현업 중시 사상과 핵심가치 요소인 신뢰·성실·열정·창의·능동적 업무자세의 철학을 담고 있음

• 비전

능동적 "인재 팀워크"에 의한 "최고의 기술추구"로 "경쟁력 있는 Well bing적 솔루션 혁명"을 주도하는 기업

[참고사항]

1. 능동적 인재 팀워크, 최고의 기술 추구, 경쟁력 있는 Well being적 솔루션은 현재의 사훈인 "인화단결", "개발증진", "품질지성"을 비전과 연결시킨 것임

2. 능동적 인재 팀워크는 인재 중시 사상에 천수답형 기업 또는 인간에서 능동적 저수지형 인재로의 전환이 필요하며, 개인 발전이 회사 발전과 연동시킬 수 있는 현업과 관련된 Co - work을 통해 자사의 비전을 창조해 가자는 CEO의 핵심가치를 나타냄

3. 최고의 기술추구는 사훈에서 이중으로 강조하고 있는 "개발증진"과 "품질지성"의 기술·제품 개발력을 바탕으로 미래를 책임질 수 있는 기술개발 및 취득(기술력의 확보)이 회사의 장래를 결정하는 핵심요

소인 동시에 자사의 핵심 가치임을 강조

4. 경쟁력 있는 Well being적 솔루션 혁명은 자사 주 제품인 방청지, 필터 제품의 핵심 추구 가치 중에 Well being적 요소를 내포하고 있고, 이런 Well being적 요소는 영원히 자사가 추구해야 할 아무리 쫓아도 끝이 없는 자사의 영원한 목표요, 추구 방향인 것이다.

• 사명

창립 50주년인 2030년에는 사업구조 안정화와 비즈니스 시스템 혁신을 이룬다.

– 사업구조 안정화 2P 100% 달성 Protection- Purification

구분	내용
A제품	국내 시장점유율 1위 달성
B제품	국내 품질경쟁력 Top 3 달성
Total	

– 비즈니스 시스템 Q-S 혁신 100%(Quality 3배 - Speed 3배)

[참고사항]

1. 의미 있는 창립 50주년(2030년)에 A제품- B제품 양대 사업분야의 사업구조 안정화 기필코 달성

2. 창립 50주년을 맞아 회사 체계(시스템) 100% 완성으로 업무의 질(Quality)과 Speed 혁신으로 경영효율 극대화 추구

3. 사업구조 안정화와 비즈니스 시스템혁신은 향후 10년내 달성할 수 있는 실현 가능한 핵심사업 목표임

(6)K사 사례

• Co - Vision Steps

그림 2-3 CO - Vision Steps〈예시〉

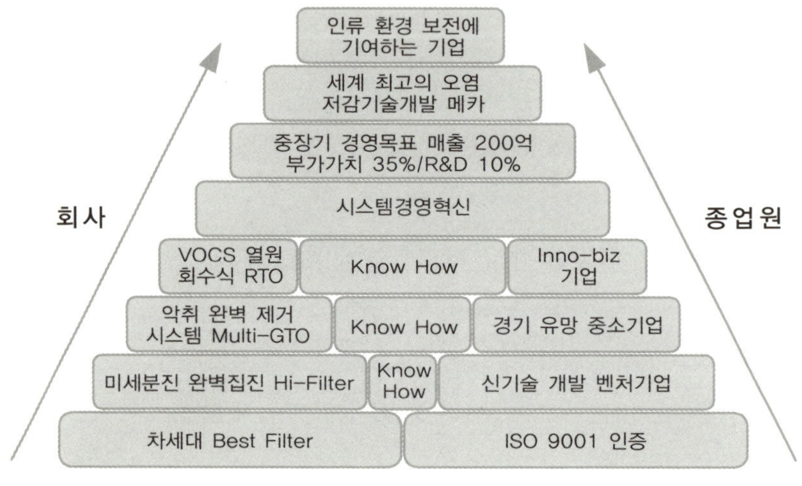

• 경영이념 및 철학

  - 끊임없는 오염 저감기술 개발로 Green 경영을 실현하고, 환경 보전에 기여한다.

  - 고효율, 저가의 오염 저감장치 개발로 산업환경 개선에 기여하고, 고객과 함께 한다.

  - 모든 일은 나로부터 시작되며, 임직원은 한 가족이다.

• 비전

세계 최고의 오염 저감기술 개발과 고효율, 저가의 오염 저감장치 개발로 인류 환경보전에 기여하는 기업

- K사는 오염 저감기술 분야에서 세계 첨단을 추구한다.
- K사 인ㅅ은 대기 오염저감장치 개발 분야에서 최고의 엔지니어를 지향한다.

• 사명

창립 30주년인 2030년에는 사업구조 안정화와 비즈니스 시스템 혁신을 이룬다.

- 사업구조 안정화(내실위주 성넁)

사업 부문	매출 목표	내용
A제품	300억 원	
B제품	200억 원	
Total	500억 원	내수 : 수출 = 5:5

- 비즈니스 시스템혁신
- 생산 · 영업 · 관리 전 분야 WellBiz-Sys : 100% 구축
- 업무Quality & Speed : 매년 25% 향상

(7) OO도시관리공단 사례

• 비전

"미래가치를 창조하는 초일류 공단"

- 사명

"미래를 지향하며 주민 복지향상과 지역발전에 기여"

- 핵심가치

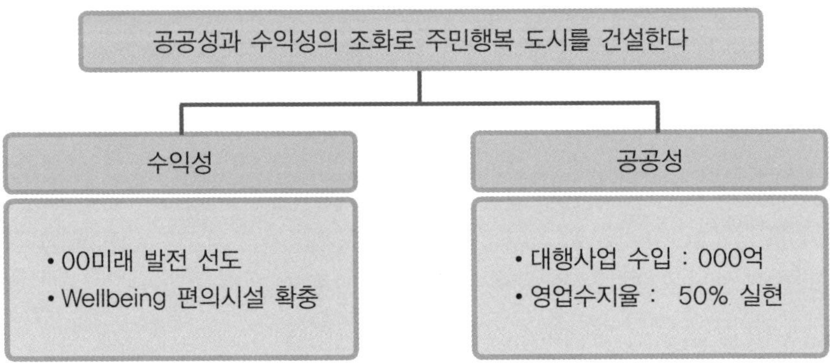

02 경영종합진단과 경쟁력 강화

기업 경영종합평가 시스템

사람이 매년 종합건강진단을 받듯이 기업도 매년 경영종합진단을 실시하는 것이 바람직하다. 그래야 자사의 경영환경적응도, 직원사기, 재무상황, 경영 6대 분야 경쟁력, 경영핵심과제, 그리고 경쟁력 수준을 정확히 측정하여 경쟁력을 잃지 않도록 체계적인 경영관리 시스템을 구축할 수 있다.

또한, 중장기 경영전략계획과 연도 경영계획 수립 시에도 우리 회사의 강·약점과 기회·위협 요소를 경영전략계획에 정확히 반영할 수 있다.

경영종합평가 Flow를 살펴보면 [그림 2-4]와 같다.

(1)경영종합평가 Flow

그림 2-4 경영종합평가 Flow

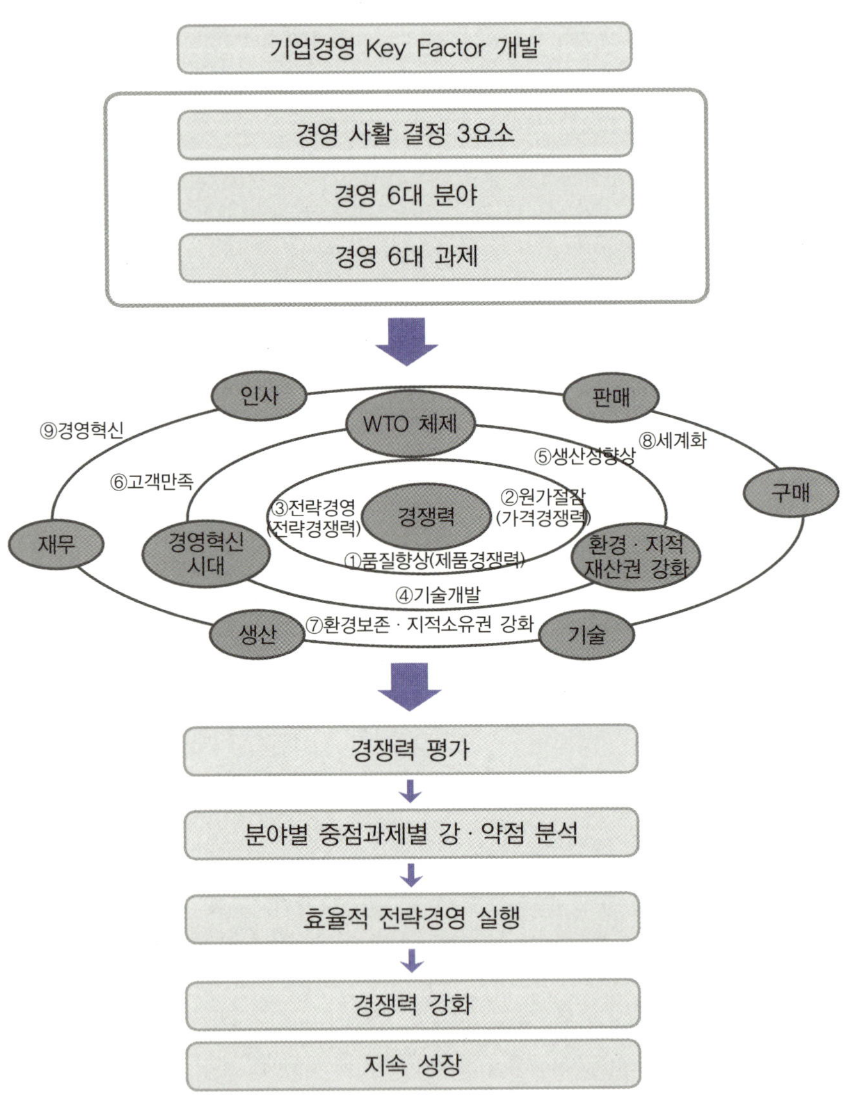

(2) 경영종합진단 개요

경영종합진단 필요성	경영종합진단 결과 산출물
• 조기 경영종합진단 → 도산 및 기업 위기 회피 • 자사의 정확한 강·약점 분석 → 경영 목표·비전·전략설정 • 중장기 및 연도 경영계획의 체계적 수립	• 경영 종합 평점 • 25대 중점분야 경쟁력 지수 • 200대 소 항목 강·약점 순위 • 경영 최강점 핵심역량 20위 순위표 • 경영 최약점 및 최우선 개선 20위 순위표
경영종합진단 항목	경영종합진단 결과 활용
• 경영 사활 결정 3요소 진단(기업 환경 적응력, 직원사기, 자금) • 경영 6대 분야 경쟁력 진단(생산, 기술, 구매, 판매, 인사, 재무) • 경영 6대 과제 경쟁력 진단(품질 향상, 기술개발, 원가절감, 생산성 향상, 전략경영, 고객만족)	• 회사 목표 및 비전 설정 • 핵심 경영전략 개발 • 중장기 경영전략계획 수립 • 연도 경영전략계획 수립

(3)경영사활 결정 3요소

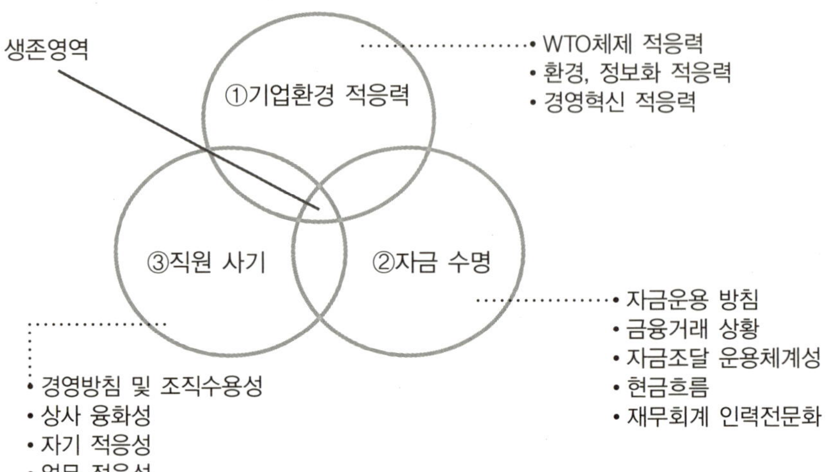

(4)경영종합평가 구성 요소

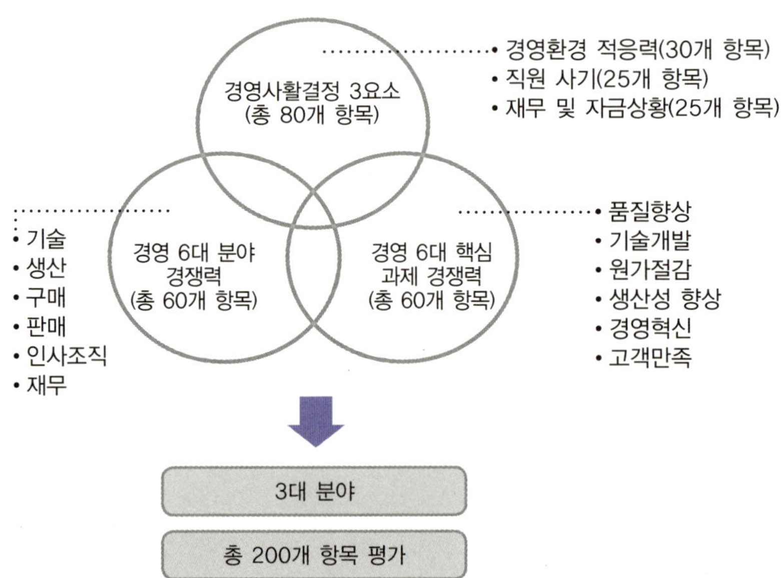

(5)경영종합평가 및 분석 방법

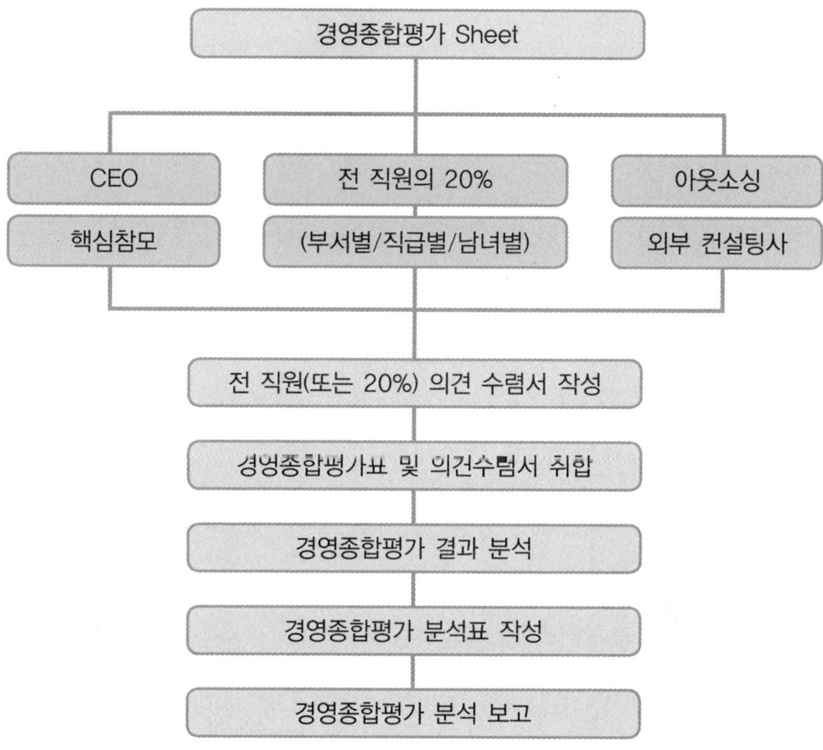

기업 경영종합평가 사례

경영종합진단을 실시한 국내 한 중소기업을 통해 기업 경영종합평가 사례를 살펴보도록 하겠다.

(1)사례 분석 기업 개요

- 회사명 : (주)000
- 대표자 : 이00
- 설립일 : 2000년 1월 10일
- 자본금 : 1350백만 원
- 소재지 : 경북 구미시(구미공단 내)
- 주 제품
  - 초정밀 항온 항습 유닛(반도체 장비용)
  - 전열교환 환기시스템
  - 제연시스템
- 지적재산권
  - 특허등록 : 10건
  - 특허출원 : 11건
  - 실용신안등록 : 9건

(2)경영종합평가 사례 분석 내용

- 5대 분야 경영종합 평점 및 순위표

- 경영종합평가 명세표

- 경영종합평가 분석도표

- 경영 강·약점 200개 항목 순위표

- 경영 최대 강점 핵심 역량강화 20위 순위표

- 경영 최대 약점 최우선 개선 20위 순위표

내용	중분류	평점	순위
기업환경 적응도 분석	1. 세계화 적응성	0.521	22
	2. 환경정보화 적응성	0.652	10
	3. 경영혁신 적응성	0.701	3
소계		0.625	
직원사기 분석	1. 경영방침 및 조직 수용성	0.651	11
	2. 상사융화성	0.683	6
	3. 자기적응성	0.793	1
	4. 업무적응성	0.687	5
	5. 대우(처우)만족도	0.666	9
재무 및 자금 분석	1. 자금운용방침	0.541	20
	2. 금융거래 상황	0.434	24
	3. 자금조달 운용체계성	0.509	23
	4. 현금흐름	0.376	25
	5. 재무회계 인력 전문화	0.699	4
경영 6대 분야 경쟁력	1. 인사·조직 경쟁력	0.675	8
	2. 재무 경쟁력	0.554	19
	3. 판매 경쟁력	0.626	13
	4. 구매 경쟁력	0.601	17
	5. 생산 경쟁력	0.591	18
	6. 기술 경쟁력	0.614	15
소계		0.696	

[표 2-1] 5대 분야 경영종합평점 및 순위표

내용	중분류	평점	순위
경영 6대 핵심과제 경쟁력	1. 품질향상 (제품경쟁력)	0.680	7
	2. 원가절감 (가격경쟁력)	0.601	16
	3. 전략경영 (전략경쟁력)	0.631	12
	4. 기술개발	0.726	2
	5. 생산성 향상	0.533	21
	6. 고객만족	0.616	14
소계		0.631	
종 합		0.615	

[표 2-1] 5대 분야 경영종합평점 및 순위표

기업환경 적응도 분석

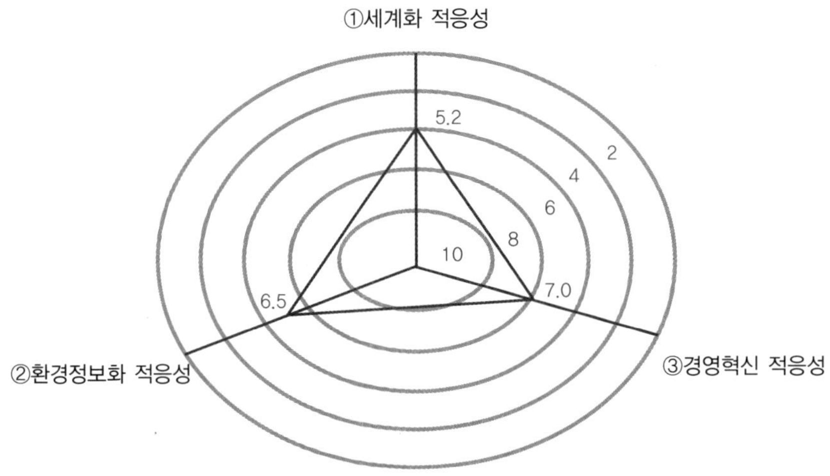

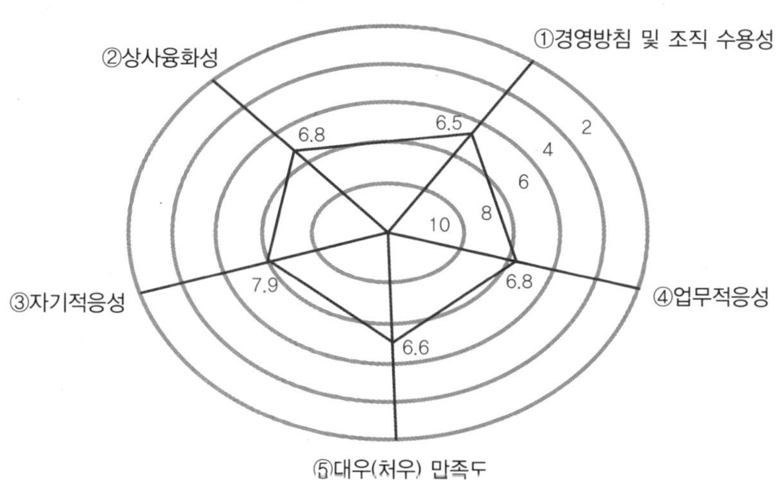

직원사기 분석
②상사융화성
①경영방침 및 조직 수용성
6.8
6.5
2
4
6
8
10
7.9
6.8
③자기적응성
④업무적응성
6.6
⑤대우(처우) 만족두

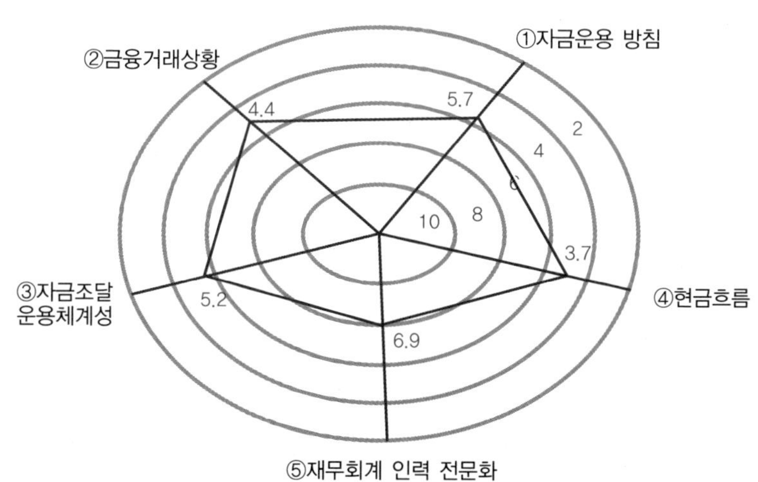

재무 및 자금 분석
②금융거래상황
①자금운용 방침
4.4
5.7
2
4
6
8
10
3.7
③자금조달
운용체계성
④현금흐름
5.2
6.9
⑤재무회계 인력 전문화

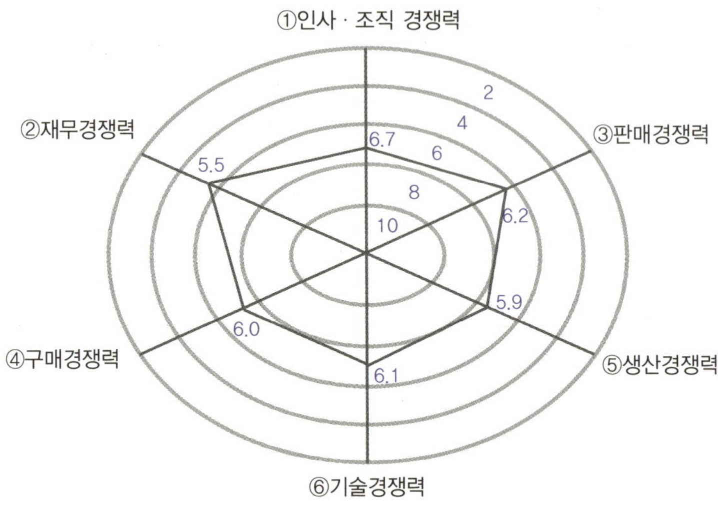

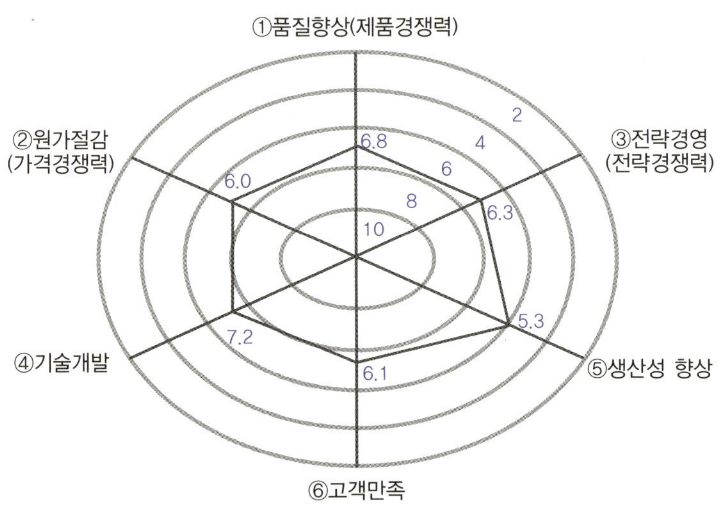

[표 2-2] 경영종합평가 분석도표

항목	평점
1. 조직변화	92.1
2. 시장 규모 확대	91.4
3. 경영방침 확립	87.1
4. 업무의욕	85.0
5. 부서목표 계획 인지	83.6
6. 환경보존 경영자 자각도	83.6
7. 초일류 품질 경영의지	82.9
8. 기술 장애 개선제도	82.9
9. 회사 · 부서 동향 관심	81.4
10. 동료 적극 교재	81.4
11. 정보의 공유화	81.4
12. 사장 리더십	80.7
13. 경영방침 종업원 인지	80.0
14. 기술연구소 · 개발부서 설치	80.0
15. 장기근속 희망	80.0
16. 경영이념 · 비전 명확	80.0
17. 시장점유율 상승도	80.0
18. 고객니즈 기초 제품 컨셉 결정	79.3
19. 전표 · 장표 기장 투명성	79.3
20. 중장기 경영전략 수립	79.3

[표 2-3] 경영 최대 강점 핵심역량 강화 20위 순위표

항목	평점
1. 현재 여유 자금력	21.4
2. 코스트다운 실적 포상제도	22.9
3. WTO 체제 적응성	25.7
4. 자금여유 (현금흐름)	25.7
5. 부채비율	28.6
6. 저 차입금 비중	30.0
7. 영업상 현금흐름	30.0
8. 업무지시 계통 통일성	31.4
9. 전략개발/운영부서 존재	31.4
10. 이익잉여금 유보율	32.9
11. 공과금 연체 사실	33.6
12. 원재료 대금결제 신용도	34.3
13. 세계화 전략 존재	35.7
14. 자금의 유동성	35.7
15. 회사 광고비 수준	38.6
16. 광고선전비 여력	38.6
17. 공장 자동화율	40.0
18. 생산성향상 외부전문가 활용	41.4
19. K.S 등 지정 품목수	41.4
20. 정보 유출 보완대책	42.9

[표 2-4] 경영 최대 약점 20위 순위표

(3)경영종합평가 분석 활용 시스템

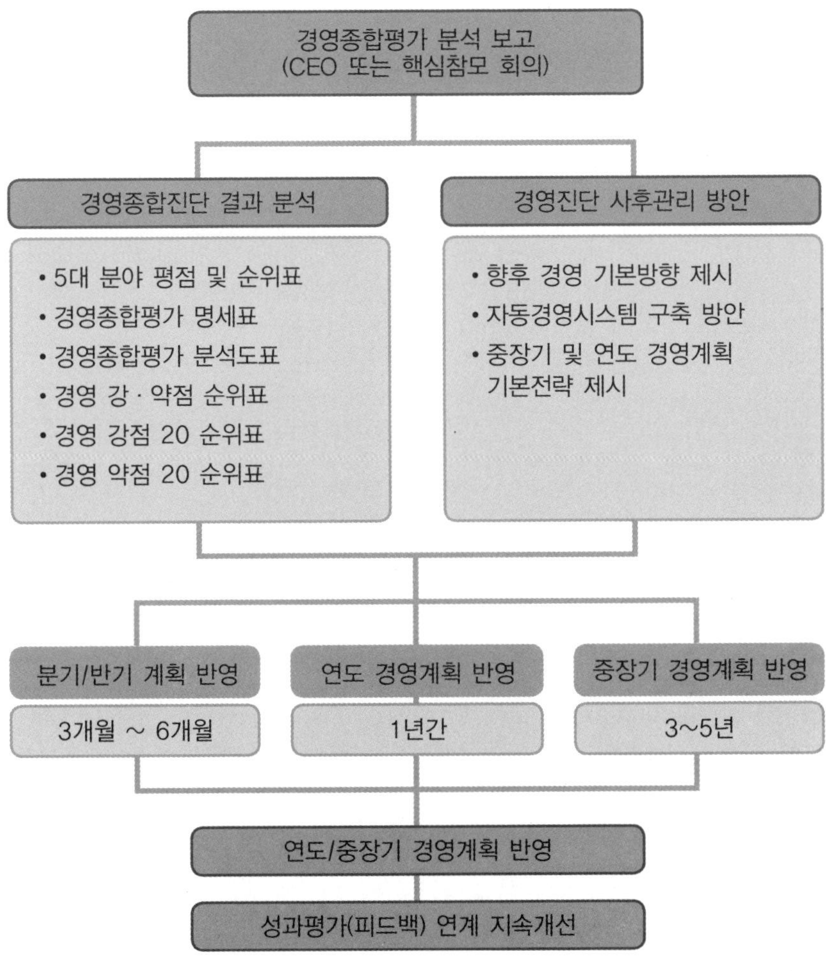

기업 경쟁력 강화 전략

시스템경영 전략

시스템경영혁신은 이미 살펴본 바와 같이 기업규모, 기업형태 및 공기업, 사기업을 불문하고 어떤 기업이든지 필수적으로 수행해야 할 핵심 경영과제다. 따라서 미루거나 중단할 수 없는 경영 핵심과제인 동시에 기업 생존의 필수 이행 요소로써 임직원 모두가 중지를 모아 추진해야 할 절체절명의 기업 생존전략임을 명심해야 한다.

이와같이 기업경영에 매우 중요한 시스템경영 체계구축(42~44페이지의 시스템경영 기본체계 참조)을 위해 기업에서 채택할 수 있는 방법에는 세 가지가 있다. 첫째는 회사 자체적으로 시스템경영 관리사 내지는 사내 시스템경영 컨설턴트를 양성하여 구축하는 방법, 둘째는 시스템경영 전문컨설팅 회사로부터 컨설팅을 받아 도입하는 방법,

그리고 셋째는 2~3년에 걸쳐 경영주치의(고문)제를 활용하여 도입에서 정착까지 체계적으로 완성하는 방법이 있는데 여기서는 경영주치의제를 활용해서 시스템경영을 도입하고 정착시키는 방법을 중심으로 살펴보고자 한다.

(1)시스템경영 구축 및 정착을 위한 경영주치의제

1)경영주치의제 개념

- 고문계약에 의거 연중 상시 시스템경영 자문
- 연간·분기별·월별 고문일정 계획에 의거 시스템경영 도입 및 정착자문
- 2~3년에 걸쳐 시스템경영이 정착되도록 자문 및 지속적인 지도를 하는 시스템경영 전문 경영주치의 제도

2)주요 경영주치의 내용

연간 자문 내용	주기
• 경영종합진단 및 경영 기본방향 설정	년 1회
• 중장기 및 연도 경영계획 수립 자문, 경영전략 개발 지원	년 1회 (2~3년 지속)
• 고효율 및 자율경영 시스템 구축	년 1회
• 시스템경영 점검회의 / 경영성과 평가 및 관리	월별/분기별/연간 (주기별 시스템경영 실행점검)
• CEO 시스템경영 실천회 & WinTech 포럼 참여 (CEO 및 핵심참모 참여)	월 1회
• 핵심참모 육성 지원	분기 1회
• 직원연수 / 전사 워크샵 특강 등 지원	분기 1회

연간 자문 내용	주기
• 일상경영 및 업무수시 자문	수시
• 기타 특별 협의사항	협의 결정

• 회사의 상황에 따라 경영주치의 내용 협의결정 가능

3)경영주치의제 수행 절차

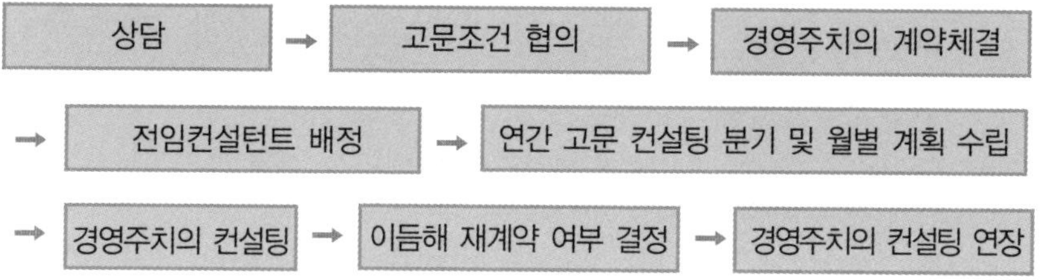

• 재 약정 시 매년 단위로 경영주치의 컨설팅 재설게 및 up grade 수행
• 연간 고문역할 수행내용 및 일정계획은 경영주치의 계약 체결 후 1주일 내에 제시

(2)시스템경영 구축 및 경영주치의제 향후 운영 기본 방향 및 핵심 전략

1)향후 운영 기본 방향

• 향후 M전략시스템/시스템경영진흥원은 중소·중견기업의 시스템경영체계 구축 및 안정적 운영을 위해 대기업 임원 출신, 경영 및 기술지도사 등 경영주치의 POOL을 구축하여 지속적인 경영주치의 역할을 수행할 예정으로 있다.

2)핵심전략

• 시스템경영체계 구축 및 안정적 운영을 위한 경영주치의제 운영의 핵심전략은 다음과 같다.

첫째, 핵심 고객사의 임직원에 대한 주기적 교육 시행으로 신속하고 질 높은 시스템경영 관점에서의 업무수행을 유도한다.

둘째, 고효율 및 자율경영 유도로 경영주치의 기업의 지속적인 성장을 도모한다.

셋째, 매출 및 수익의 실질적 증대를 실현한다.

넷째, 경영주치의 기업에 대한 경영효율 극대화로 성공사례를 다수 발굴함으로써 혁신마인드가 있는 기업들의 경영성과를 제고시켜 나간다.

선택과 집중 전략

기업이 성장 발전하기 위해서는 선택과 집중이 매우 중요하다. 많은 실패 기업들이 저지른 가장 대표적인 경영 실책이 바로 선택과 집중을 잘못한 점이다. 그래서 선택과 집중전략이 매우 중요하다. 기업경쟁력을 강화할 수 있는 대표적인 선택과 집중 전략에는 고슴도치 전략과 Co-vision Step 이 있다.

(1)고슴도치전략

고슴도치전략은 흔히 선택과 집중전략으로 불리고 있다. 선택과 집중전략은 기업이 열정을 다해 이룰 가치가 있는 일, 세계에서 누구도 넘보지 못할 최고가 될 수 있는 일, 그리고 경제엔진을 움직이는 핵심기술 중심의 기업경영전략을 말한다.

그림 2-5 고슴도치 전략의 핵심 3요소

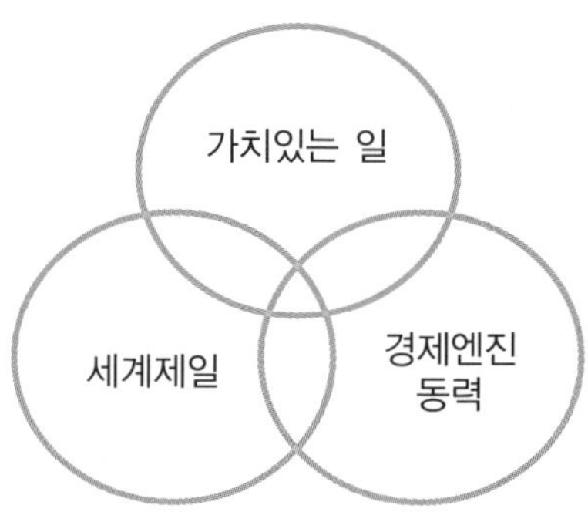

(2)CO-VISION STEPS

Co-vision Steps(비전달성 계단)는 노사 간에 공감하는 비전 설정을 위해 우리 회사가 지금까지 이룬 성과와 주요 제품 내지는 기술개발 내용을 토대로 노사가 공감하는 비전을 만드는 과정을 도출하는 툴로 사용되기도 한다. 또한 신규 사업개발 시 문어발식 신규사업 진출과정을 하나의 사업아이템이 매출이나 수익 면에서 견고하고 안정된 상황에서 새로운 사업을 개발하고 추진해 가는, 일종의 안정 위주의 신규사업 추진 메커니즘 도형이라 말할 수 있다.

따라서 Co-vision steps는 다양한 사업 분야에서 선택과 집중을 통해 안정경영 및 지속가능경영을 실현하고자 할 때 흔히 쓰는 모형이라 할 수 있다.

Co-vision Steps 모형을 살펴보면 [그림 2-6]과 같다.

그림 2-6 다양한 사업 분야에서 선택과 집중 모형

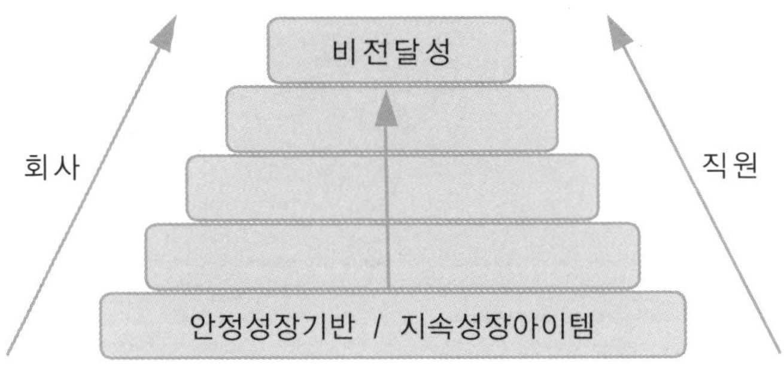

핵심참모 육성 전략

기업의 경쟁력을 강화하기 위해서는 기업과 경영의 전체 흐름을 읽고 CEO를 적극적으로 보좌할 수 있는 핵심참모가 필요하며, CEO는 그러한 핵심참모를 찾는 눈과 육성할 수 있는 역량을 갖춰야 한다.

(1)참모의 역할과 사명

1)참모의 정의

참모에 대한 정의를 살펴보면 다음과 같다.

첫째, 참모의 고전적 의미는 모의에 참여하는 사람이다.

둘째, 경세가經世家, 전략가, 책사策士다. 좀 더 구체적으로는 세상과 시대를 경영하는 사람, 전체 흐름을 조절·운영하는 사람, 그리고 기업의 장기적 시스템이나 정책을 만드는 사람이다.

셋째, CEO가 가고자 하는 길의 동반자인 동시에 파트너다.

넷째, 조직의 시너지 효과를 창출하는 참일꾼이다.

2)참모의 역할

참모의 내표적인 역할을 살펴보면 다음과 같다.

첫째, CEO의 눈과 귀의 역할이다. CEO의 정보맨, 아이디어맨이 되어야 한다는 점이다.

둘째, 조직의 균형추 역할을 해야 한다. 그러기 위해서는 사심私心보다 애사심愛社心을 가져야 하고, 나보다 다른 영역에서 뛰어난 참모를 인정할 줄 알아야 한다.

셋째, 핵심 브레인의 역할을 해야 한다. 인정받는 참모는 회사 장기 운영시스템이나 전략을 만들어 내는 역할, 맺힌 것을 풀어주고 굽은 것을 펴주고 막힌 곳을 뚫어주는 역할, 그리고 종합 계획을 준비하는 행동가의 역할을 하여야 한다.

넷째, 대외적으로 CEO 대리자·대행자의 역할이다.

핵심참모는 CEO를 대신하여 회사 이미지 관리뿐만 아니라 의

전측면에서 대외기관 방문 시 CEO에 대한 예의도 깍듯이 지키는
의전 수행자로서의 역할도 성실히 수행하여야 한다.

(2) 핵심참모 양성법

"여기 자기보다 더 능력 있는 사람들을 쓰는 기술을 터득한 사람이 잠
들다"

대표적인 성공 CEO인 카네기의 묘비에는 이런 글귀가 새겨져
있다고 하는 데, 그의 사람을 다루는 능력을 잘 표현해 주고 있다
고 본다.

이와 같이 핵심참모 양성능력은 기업을 성공으로 이끄는 데 있
어서 CEO가 갖춰야 할 대표적인 역량 중의 하나라 보아야 할 것
이다. 핵심참모 양성법을 살펴보면 다음과 같다.

1) 조직 속의 99%는 참모감이다.

조직 속의 99%는 참모감이라고 한다. 핵심참모 역량을 갖고
있는 사람이 조직 안에 많이 있다는 얘기다. 문제는 어떻게 양성
하느냐에 달려있다. 먼저 임직원들은 내 안에 잠자고 있는 참모
마인드를 깨워야 한다. 핵심참모가 된다는 것은 아부하는 사람
이 되자는 것이 아니라 인정받는 사람이 되자는 것이다. 이것이
샐러리맨 성공의 지름길이다.

또한 회사는 참모 발굴 시스템을 상시 가동해야 한다. 예를 들

면 회사 현안 공모제, 다면평가제, 회사발전 대 토론회, 제안제도 등을 통해 참모육성 시스템을 가동해 보는 것도 좋은 방법이 될 수 있다.

2)핵심참모 발굴과 20:80 법칙

20:80법칙은 경영의 다양한 분야에서 적용된다. 20%의 핵심인재가 회사를 끌어간다는 개념과도 같다. 어떤 회사든 핵심참모 20%만 발굴하고, 최대한 역량을 발휘할 수 있도록 회사가 지원한다면 그 회사는 분명 좋은 회사가 될 수 있다. 20 : 80 법칙을 활용한 핵심참모 육성 방법을 살펴보면 다음과 같다.

첫째, 각 부서별로 핵심참모 육성 프로그램을 만들어야 한다. 누가 장래 회사를 이끌어갈 핵심참모로서 기본역량을 갖춘 인재인지 주의 깊게 살펴볼 수 있는 시스템을 갖춰야 하고, 중간관리자에게도 미래 핵심인재를 육성하는 임무를 부여해야 한다.

둘째, 핵심참모는 교육을 통해 양성된다. 부단한 교육만이 핵심참모 육성의 지름길임을 CEO는 잊어서는 안 된다. 핵심참모 육성 프로그램의 예를 들면 '핵심참모 사관학교', '기획전략 핵심인재 양성 과정', '시스템경영 관리사' 등이 그 것이다.

3) 대화 · 관심 · 격려

핵심참모를 육성하는 가장 기본적인 사항이 바로 대화 · 관심 · 격려다. 이를 위해서 정례 및 수시 대화 채널확보, 인간애人間愛 · 격려 · 칭찬 · 보상 등의 보조 수단 활용도 좋은 방법이 될 수 있다.

(3)성공 참모의 7가지 습관

성공한 핵심참모의 7가지 습관을 살펴보면 다음과 같다.

첫째, 성공한 참모는 회사 업무와 연관하여 부단한 자기계발을 한다. 핵심참모에게 필요한 계발역량은 전략기획 능력, 마케팅 능력, 성과중심형 리더십 개발 등이다.

둘째, CEO가 방침을 세우면 즉시 전략 지도를 마련한다. 타이밍에 맞는 제안과 신속한 업무처리, 냉철한 판단에 근거한 전략 지도를 회사 상황에 맞게 만들어 낸다.

셋째, 대안 제시력이 있다. 많은 직원들이 반대를 위한 반대, 대안 없는 문제점 중심의 의견을 제시하는 경향이 높다. 그러나 핵심참모감은 반대보다 대안 제시, 무대책의 NO보다 대안 있는 NO!, 참신하고 가능성 있는 전략을 제시(1안, 2안……. 등)하는 능력이 뛰어나다.

넷째, 선견력과 설득력을 가지고 있다. 한 발 먼저 보고 한 뼘 섬세하게 보고 한 치 깊게 보는 능력, CEO의 의중을 정확히 간파하는 능력, 확신이 있는 경우 집요한 설득, 냉정한 분석을 밑받침으로 열정적인 실행 방안을 찾는 능력이 뛰어나다.

다섯째, 기본과 정도에 충실하다. 핵심참모감은 공적인 일이 우선이고 사적인 일은 차후로 생각하며, 이기주의적이기 보다 희생정신이 투철하고, 나보다 조직을 먼저 생각한다.

여섯째, 공존·화합의 원칙을 준수한다. 나보다 다른 영역에서 뛰어난 참모를 인정할 줄 알고 동료 참모를 포용할 줄도 안다.

일곱째, CEO에 대한 믿음이 확고하다. 핵심참모는 준 CEO의 마인드를 갖고 있으며, CEO가 보지 못한 영역을 커버할 줄 알고, CEO에 대한 확고한 믿음으로 불가능을 가능으로 역전시킨다.

(4)핵심참모 활용론

핵심참모는 다음과 같은 분야에 적극 활용함으로써 기업 발전의 윤활유 역할을 수행하게 해야만 한다.

첫째, 창조적인 업무와 지식경영 리더로서 활용되어야 한다.

둘째, 노사화합의 보이지 않는 역할자로 활용되어야 한다.

셋째, 회사 체계 갖추기의 전도사로 육성되어야 한다.

넷째, 1등 회사 만들기의 침병 역힐을 힐 수 있는 기회가 주이져야 한다.

재무 위기관리 전략

기업위기의 시발이 어떠하든지 기업이 도산하는 경우 최종적인 결과는 재무위기, 즉 자금부족으로 인한 기업도산으로 이어지는 경우가 대부분이다. 따라서 기업이 장수가능기업이 되기 위해서는 평소 기업 재무 위기관리 시스템이 제대로 작동하고 있어야만 한다. 재무위기 흐름을 조기에 파악하기 위해서는 다음과 같은 재무위기 흐름을 잘 파악할 수 있는 메커니즘이 필요하다.

(1)재무위기 흐름도

재무위기 흐름을 살펴보면 [그림 2-7]과 같다.

그림 2-7 재무위기 흐름도

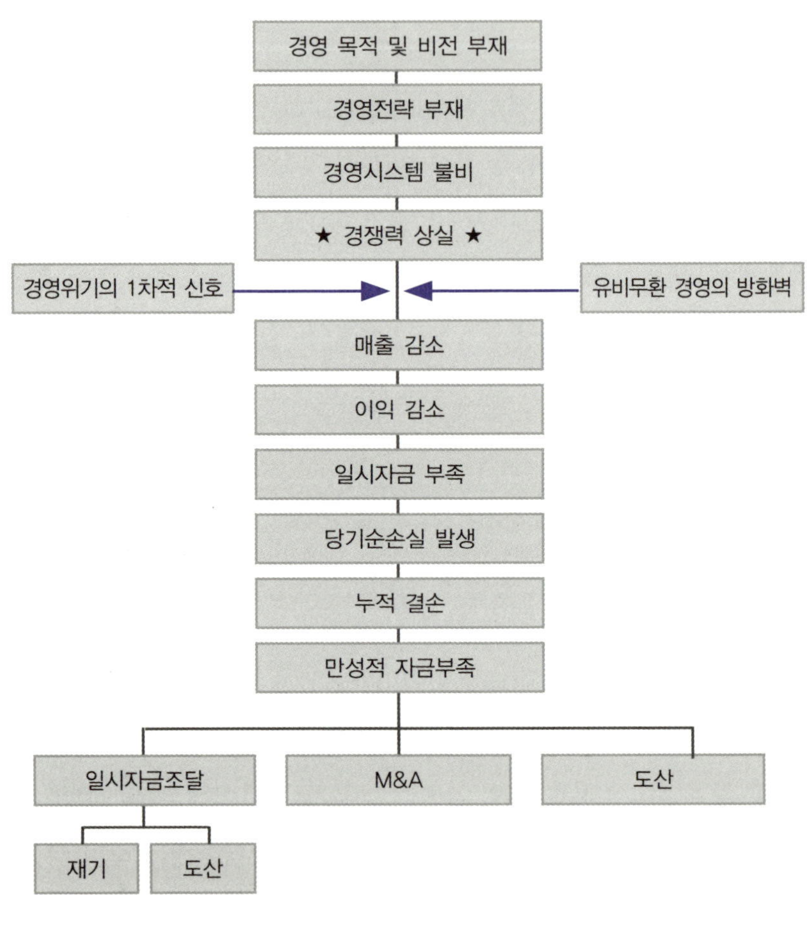

(2)재무위기 요인

재무위기 상황별 위기 요인은 다음과 같다.

재무위기 핵심 요인	재무위기 세부 요인
1)재무도산의 선행적 요인	• 판매 부진 • 적자 발생
2)재무도산의 원천적 요인	• 무리한 설비 확장에 따른 자금 부담 • 매출채권 회수 지연 • 재고과잉 • 자기자본 과소 및 차입과다
3)부수적 재무 부실 원인	• 지급어음 결제기일 단축 • 불건전 차입 과다 • 영업 채무과다 • 융통어음 발행 • 재무계획 빈곤 및 경리 처리 부적절

(3)재무 위기관리 전략

이상의 재무위기 요인은 조기에 치유하면 위기를 극복할 수 있지만 적기를 놓치면 걷잡을 수 없는 파국으로 이어지고 결국 기업 도산으로 이어진다.

따라서 기업이 도산하지 않고 장수기업으로 존속하기 위해서는 재무위기 조기경보 시스템 구축과 함께 재무부실 원인을 심층적으로 철저히 분석하여 조기에 진압하는 시스템, 체계적인 재무위기 분석 시스템, 그리고 재무위기 원인별 자사 실정에 맞는 재무위기 회피전략 마련이 꼭 필요하다.

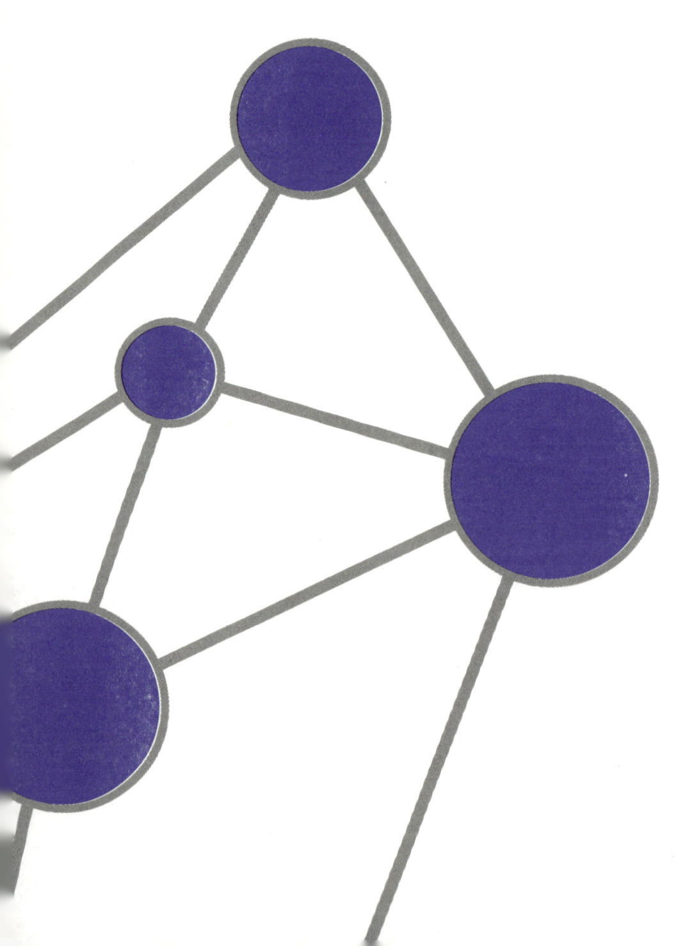

전략계획 시스템과 전략경영

전략계획 개요

경영전략계획의 본질

경영전략계획의 제1차적 기능(본질)은 급격한 경영환경 변화와 생산·조직 관리·재무·마케팅 등 다양한 경영 요소의 틀 속에서 다양한 의사결정을 올바르게 하고, 기업 전반에 걸친 의사결정에 있어 유용한 지침을 제공할 뿐만 아니라, 회사 성장과 발전 기회 포착, 실패 요인 사전감지 등이다.

또한 2차적으로는 경영전략계획을 통해 경영혁신을 추구하고, 나아가 회사 성장 발전의 기회로 전환함으로써 궁극적으로는 경쟁력을 확보하고자 하는 것이 경영전략계획의 핵심기능인 동시에 또다른 본질이라 말할 수 있다.

경영전략계획의 본질을 살펴보면 [그림 3-1]과 같다.

그림 3-1 경영계획의 본질

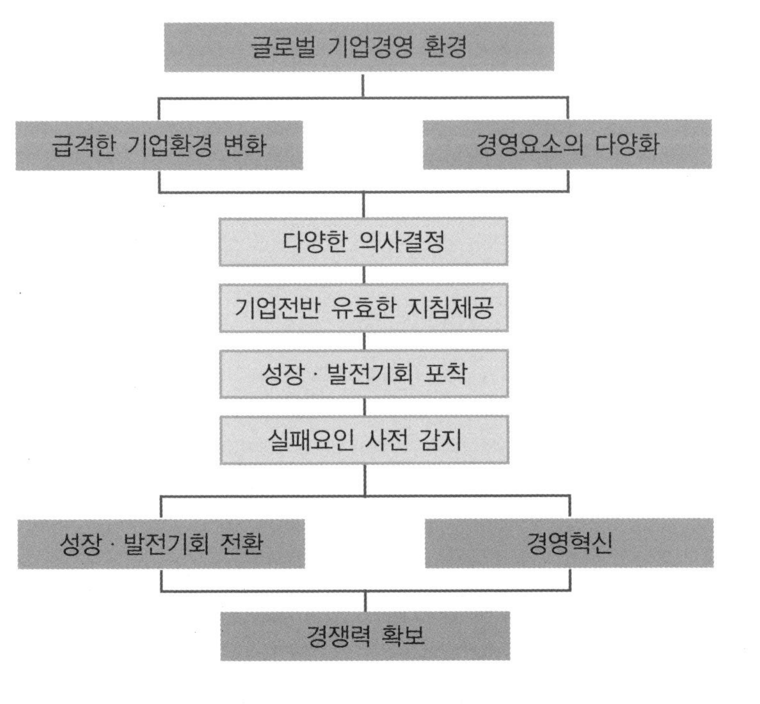

경영전략계획의 기본 요건

경영전략계획은 기본적으로 경영이념 및 방침과 일치된 전략 계획, 경영 현대화 도구로써의 경영계획, 마케팅 지향의 영업전략계획, 그리고 조직 및 인력의 정예화를 도모할 수 있어야 한다. 세부적인 경영전략계획의 기본 요건은 다음과 같다.

(1)경영이념 및 방침과 일치된 경영전략계획

- 경영계획은 경영철학 내지는 경영방침에서 유도된다.
- 경영계획은 경영목표의 실천 의지를 표시한다.

(2)경영 현대화의 도구

- 경영계획은 기업의 미래지향적이고, 발전지향적인 여러 요소의 결합이다.
- 경영계획은 기업의 성장 발전을 강화하기 위한 노력의 일환이다.

(3)마케팅 지향의 경영전략 계획

- 경영계획은 생산 인사조직 재무 마케팅 전략을 망라한 기업 청사진이다.
- 경영계획은 매출과 수익 실현이라는 성과중심의 경영에 포인트를 두어야 한다.

(4)조직 및 인력의 정예화

- 경영계획은 고도의 업무지식과 기획능력을 필요로 한다.
- 경영계획은 관련 조직과 인력의 정예화가 전제가 된다.

경영전략계획의 유형

경영전략계획의 유형은 형태에 의한 분류와 기간에 의한 분류로 나눌수 있다.

(1)경영계획 형태에 의한 분류

- 개별 계획 : 경영상 특정 문제 해결을 위한 계획으로 원가절감 계획·수출 활성화 계획 등이 그 예다.
- 종합 계획 : 기업경영 전반에 걸쳐 기간적으로 표현한 계획을 말하며, 손익 계획·자금 계획·자산 및 자본 계획·연도종합 계획 등이 그 예다.
- 기능 계획 : 직능·사업·지역 부문별·계층별로 분할한 계획을 말하며, 00사업본부 품질 계획, 영남지역 영업 활성화 계획 등이 그 예다.

(2)기간 구분에 의한 분류

- 단기 계획 : 1개 사업년도를 대상으로 한 계획으로 경영자의 책임, 관리자층 이하의 실행책임을 동반하는 계획이다.
- 중기 계획 : 장기·단기 계획의 교량 역할을 하는 계획으로 통상 3년 내지 5년 단위로 작성된다.
- 장기 계획 : 일반적으로 5년 내지 10년 단위로 작성하는 비교적 장기간에 걸친 계획을 말한다.

경영전략계획의 기본 체계

경영전략계획의 기본 체계는 경영환경 분석, 산업 및 기업예측, 경영 종합진단, 경영방침 및 경영 목표 등의 기본요소 외에 중장기 경영전략계획과 연도 경영전략계획을 상호 연계하여 종합계획에서부터 개별 계획, 실행 계획에 이르기까지 일련의 프로세스로 체계화 되어 있다.

경영전략계획의 기본 체계를 그림으로 살펴보면 [그림 3-2]와 같다.

그림 3-2 경영전략계획의 기본 체계

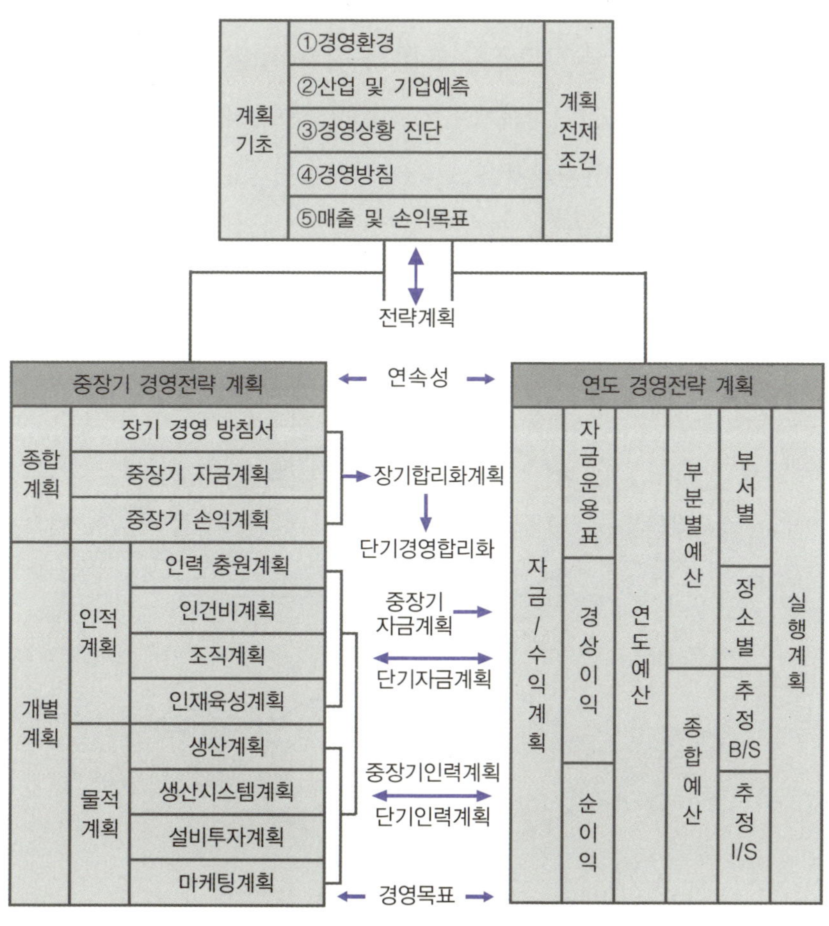

경영전략계획 순환도

경영전략계획은 전 계획 기간에 대한 전략성과 평가를 거쳐 장기 전략계획이 수립되고, 중장기 전략계획에 근거하여 경영방침이 도출되며, 이 중장기 경영방침에 근거해 매년 연도 경영전략계획이 수립된다. 이런 연도 경영전략계획이 수립되면 실행계획에 근거하여 예산이 집행되고, 실행된 예산은 분기 및 월차 결산을 거쳐 실적을 분석 및 관리하는 과정을 반복하면서 주기적으로 순환한다.

경영전략계획의 순환과정을 도표로 살펴보면 [그림 3-3]과 같다.

그림 3-3 경영전략계획 순환도

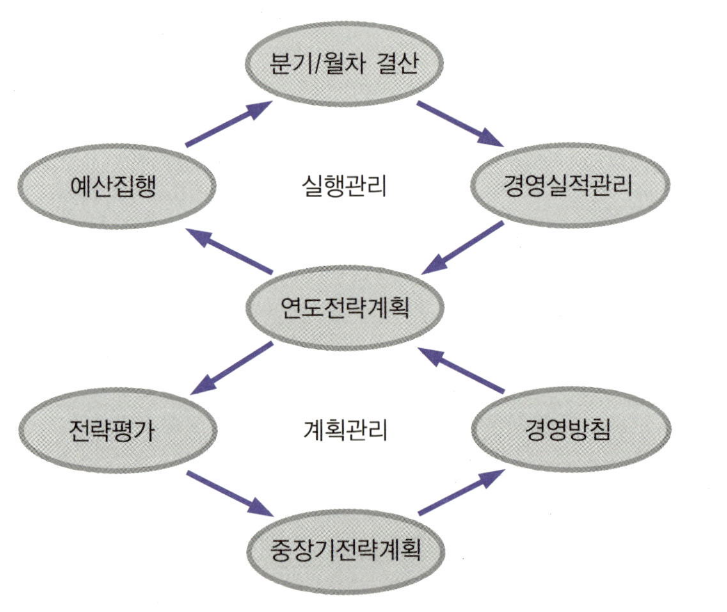

중장기 전략계획과 연도 경영계획의 관계

중장기계획과 연도계획은 불가분의 관계를 갖고 있다. 중장기 경영계획이 제대로 실행되기 위해서는 중장기 전략계획의 입장에서 실행계획 성격이 강한 연도계획이 뒷받침되어야 한다. 또한 연도계획을 제대로 수립하기 위해서는 최소한 3년 내지 5년 정도는 내다보면서 계획을 수립해야만 중장기 계획과 연도계획이 상호 연관을 갖게되고, 실행될 수 있기 때문에 이 두 가지 전략계획은 하나의 프로세스인 동시에 바늘과 실처럼 불가분의 관계를 갖는다. 따라서 회사가 성장 발전하기 위해서는 경영전략 계획을 제대로 수립하고 실행할 수 있는 기획 진문직원의 양싱이 매우 중요한 과제 중 하나임에 틀림없다.

중장기 전략계획과 연도 경영계획의 상호관계를 그림으로 살펴보면 [그림3-4]와 같다.

연도계획과 예산제도와의 관계

연도계획과 예산제도는 일반기업에서 보기에 별개인 것처럼 느껴지지만 밀접한 관계가 있다.

예산제도는 흔히 정부나 지방자치단체, 공공기관에 국한되는 것처럼 느껴지지만 실은 기업에서도 인건비나 경비의 집행계획 뿐만 아니라, 투자계획이나 자금 조달 및 운용계획도 넓은 의미에서 예산에

그림 3-4 중장기 전략계획과 연도 경영계획의 상호관계

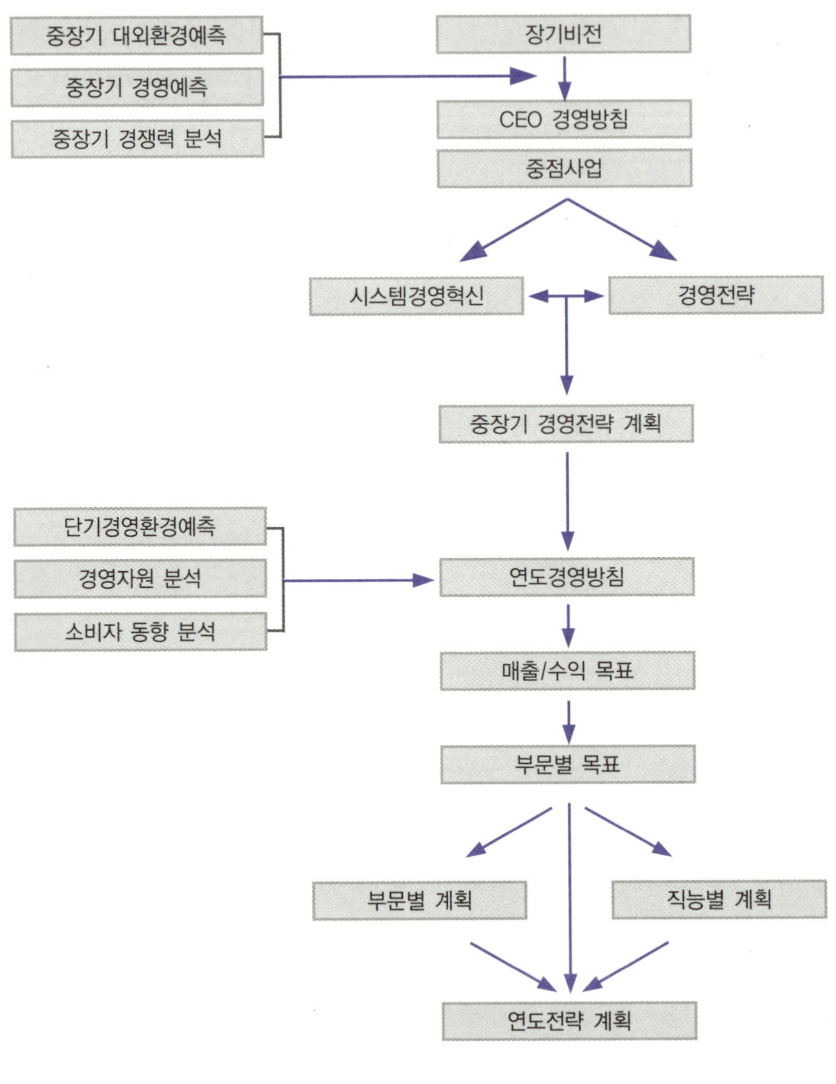

포함시킬 수 있을 것이다. 이렇게 보면 결국 기업에도 예산제도가 적용되어야 하고 효율적으로 운영될 필요가 있는 것이다.

연도계획과 예산제도와의 상호관계를 살펴보면 [그림 3-5]와 같다.

그림 3-5 연도계획과 예산제도와의 관계

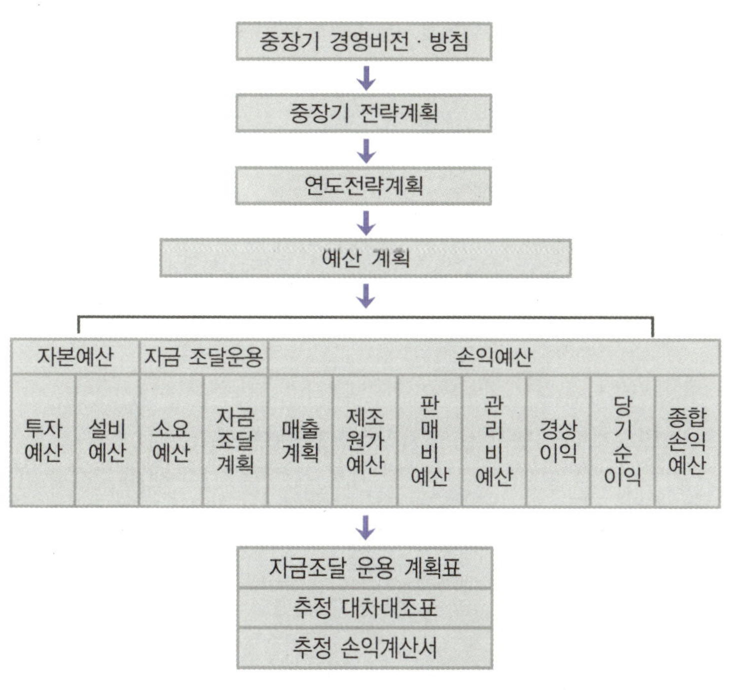

연도 전략계획과 분기 및 월차 결산

연도 경영전략계획과 분기 및 월차결산은 상호 종속관계라 볼 수 있다. 연도 경영계획이 계획으로서 끝나지 않고 실행을 담보하기 위해서는 반드시 부서 및 개인 단위의 업무실행 계획이 수립되고 실행되어야만 실행을 위한 계획이 될 수 있기 때문이다.

이런 의미에서 각 회사에서 계획이 계획으로서 끝나지 않고 실행으로 이어지기 위해서는 부서 및 개인 단위의 업무실행 계획을 수립하고 관리(성과관리 포함)되어야만 온전한 전략계획의 시스템이 갖추어졌다고 볼 수 있는 것이다.

연도 전략계획과 분기 및 월차결산 관계를 그림으로 살펴보면 [그림 3-6]과 같다.

그림 3-6 연도계획과 분기 및 월차결산과의 관계

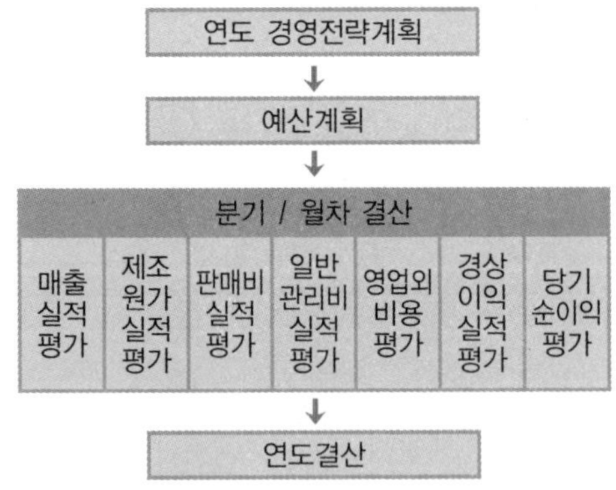

전략경영 및 전략계획 수립의 전제조건

전략경영의 중요성

전략경영의 중요성은 아무리 강조해도 지나치지 않다. 왜냐하면 전략경영은 회사가 나아가야 할 방향과 목표 등을 노사가 실천할 것을 전제로 효율적인 전략을 찾는 과정이기 때문에 신체에 비유하면 전략계획은 머리에 해당한다. 머리가 없는 몸은 아무 역할을 못하듯이 전략경영계획이 없이는 실행도 없기 때문이다. 경영전략 계획이 없더라도 설령 실행은 주먹구구식으로 될지 모르지만 경영효율은 떨어질 수밖에 없다.

경영효율이 떨어지는 회사는 경쟁에서 뒤질 수밖에 없고 경쟁에서 떨어지면 결국 기업은 도산하기 때문에 전략계획의 체계적인 수립과 실행은 기업 운명과도 직결되는 중요한 문제인 셈이다. 전략

경영은 제품경쟁력, 가격경쟁력, 그리고 전략자체의 경쟁력을 가져
오기 때문이다.

전략경영의 중요성을 살펴보면 [그림 3-7]과 같다.

그림 3-7 전략경영의 중요성

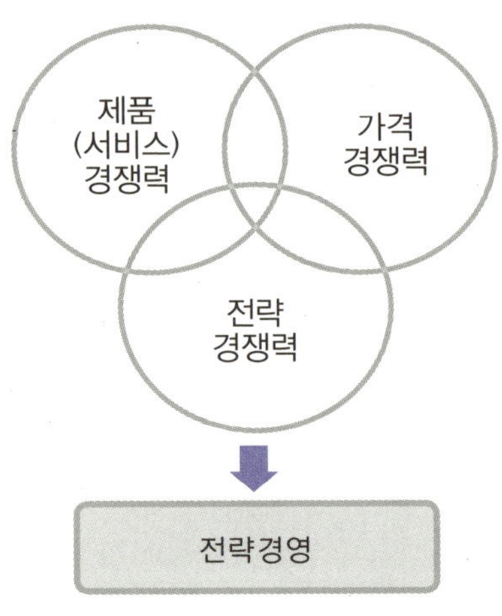

전략경영 프로세스

전략경영은 프로세스적 관점에서 접근하는 것이 좋다. 전략경영
을 효율적으로 수행하기 위해서는 전략계획의 체계적 수립이 필요
하고, 전략계획의 체계적 수립을 위해서는 자사에 대한 경영종합진
단이 전제되어야 한다. 경영종합진단을 통해서 회사의 강·약점과

140

기회·위기 요인들을 정확히 파악하여 강점과 기회요소는 더욱 강화하고, 약점이나 위기 요소는 개선하는 전략 개발이 필요하다.

전략을 개발함에 있어서도 완급이 필요한 데 경영환경이나 자금유동성, 그리고 직원사기에 문제가 있다면 이들 요소는 긴급 처방이 필요한 부분이다.

이런 요소에 대한 응급처방이 이루어지지 않으면 기업 사활에 치명타를 입고, 도산의 길로도 들어설 수 있기 때문이다. 따라서 이런 사항들은 중장기 전략계획이 아닌 연도 경영전략계획에 반영해야 할 사항들이다.

응급상황에 대한 응급조치가 이루어지면 이어서 생산·기술·인사·재무·판매·구매 등 경영 6분야에 대한 전략과 품질향상·기술개발·원가절감·생산성 향상·고객만족 등의 경영 혁신과제에 대한 전략들도 개발해야 한다.

이와 같은 전략들이 개발되면 전략실행의 완급을 따져 단기적인 처방이 필요한 부분은 연도계획에, 중장기적 처방이 필요한 경우에는 중장기 전략계획에 반영하여 1년 및 3년 내지 5년 단위로 전략계획이 수립되고 집행되는 것이다. 이렇게 집행된 전략계획은 전략경영평가나 성과평가를 통해 분석되고 피드백 되어 다음 계획기간에 더 좋은 전략계획을 수립하는 데 활용된다.

전략계획은 이와 같은 프로세스를 통해 수립되고 실행되며 평가되면서 회사발전의 원동력이 되는 것이다.

전략경영의 프로세스를 자세히 살펴보면 [그림 3-8]과 같다.

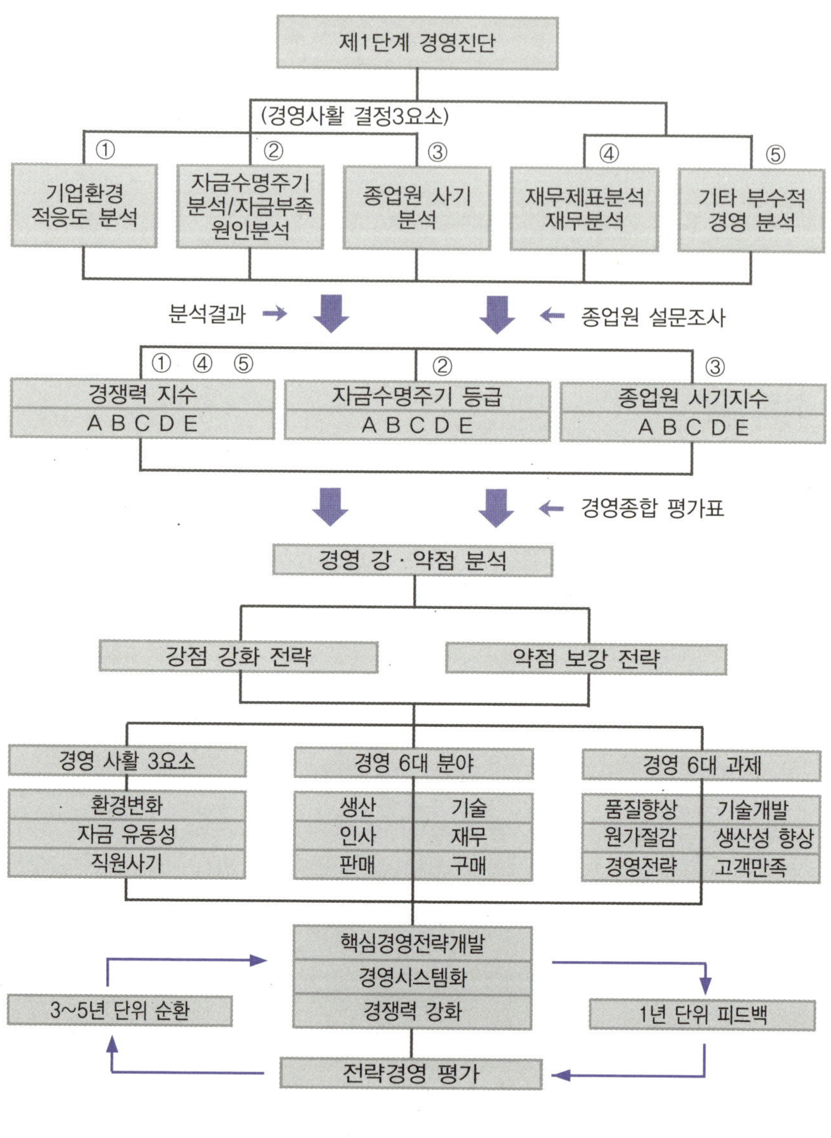

제1단계 경영진단
(경영사활 결정3요소)
① 기업환경 적응도 분석
② 자금수명주기 분석/자금부족 원인분석
③ 종업원 사기 분석
④ 재무제표분석 재무분석
⑤ 기타 부수적 경영 분석
분석결과 →
← 종업원 설문조사
① ④ ⑤ 경쟁력 지수 A B C D E
② 자금수명주기 등급 A B C D E
③ 종업원 사기지수 A B C D E
← 경영종합 평가표
경영 강·약점 분석
강점 강화 전략
약점 보강 전략
경영 사활 3요소
환경변화
자금 유동성
직원사기
경영 6대 분야
생산
인사
판매
기술
재무
구매
경영 6대 과제
품질향상
원가절감
경영전략
기술개발
생산성 향상
고객만족
핵심경영전략개발
경영시스템화
경쟁력 강화
3~5년 단위 순환
1년 단위 피드백
전략경영 평가

전략경영 5대 환경 요소

전략경영은 기업별로 특수한 상황, 경영환경 및 업종 등에 따라 차이가 날 수 있다. 그러나 최근 우리나라 경제환경과 기업경영 환경을 고려해 볼 때 공통적으로 활용될 수 있는 전략경영의 5대 환경요소를 살펴보면 [표3-1]과 같다.

전략경영 포인트	전략경영 환경 요소
(1) 글로벌화Globalization	• 전 세계의 단일 시장화
	• 국제간 기술 속도 단축
	• 글로벌 환경에 적합한 국제 표준화 경향
(2) SNS / e-비즈니스화	• 지식 및 정보 공유의 중요성 증대
	• 공생시대의 대두
	• 정보통신을 이용한 네트워킹 용이
(3) 지적재산권 강화	• 과학 및 기술 개발 속도의 증대
	• 소비자의 다양화 및 needs 급변
	• 제품 라이프 사이클 단축
(4) 맨 파워의 이동	• 386세대의 급성장
	• 컴퓨터 사무환경 보편화
	• 45정 시대의 도래
(5) 무한경쟁	• 제품(서비스) 경쟁 심화
	• 가격경쟁 격화
	• 전략경쟁 부각
	• 고객만족 → 고객감동 → 충성 고객화

[표 3-1] 전략경영 5대 환경 요소

전략경영 핵심 요소

전략경영에 있어서 전략개발은 매우 중요하다. 이런 전략개발은 회사의 인적·물적 자원의 차이에 따라 많이 달라질 수 있다. 그러나 여기서는 개별 기업의 특수한 상황을 고려하지 않고 모든 기업에 일반적으로 적용할 수 있는 전략경영 핵심 요소별로 채택 가능한 개별 전략을 살펴보면 [그림 3-9]와 같다.

그림 3-9 전략경영 핵심요소

전략경영 핵심 요소				
글로벌화	시스템경영	경쟁력 제고	미래 경영	충성 고객화
• 국제화 • 지적소유권 강화 • 네트워킹 전략 • 공생을 위한 Win-Win 전략	• 시스템화 • 변화관리 시스템 • 유연한 인사 조직 • 식스시그마운동 • 재무관리 체계화 • 업적평가의 체계화	• 경영사활 요소 경쟁력 • 경영6대분야 경쟁력 • 경영6대과제 경쟁력 • 제품(서비스) +가격 +전략 경쟁력 강화	• 지식 경영의 전략적 구현 • SNS / e-비즈니스화 • 투명경영	• 고객만족 • 고객감동 • 충성 고객화 • 고객성공

전략경영 핵심 요소별 기본 전략

앞에서 살펴본 전략경영 핵심 요소별로 채택 가능한 기본 전략을 예시하면 [표3-2]와 같다.

전략경영 핵심 요소	기본 전략(예시)
글로벌화 전략	①포커스 경영전략 (핵심사업의 선택 전략 / 사업집중화 전략/가치 창출 체제 재구축 전략) ②Win-Win 전략 ③글로벌 아웃소싱 전략 ④고객 네트워크 전략
시스템경영 전략	①변화 관리 전략 (변화 관리의 단계적 추진 / 전략적 저항 관리) ②시스템경영 (Plan(계획), Do(실행), See(평가)의 체계화 / 고효율·자율경영 시스템구축) ③인사·조직의 유연화 전략 (조직의 유연성 제고) / 업무의 효율화 촉진 / 효율적 경력 개발관리 / 실질적 권한 위임 / 종업원 참여 유도 전략 / 중간 관리자의 리더십 개발) ④식스시그마 전략 (식스시그마 추진 체계구축 전략 / 인프라 구축 전략 / 통합전략) ⑤효율적 재무 전략 (수익 위주 경영전략 / 회계 투명화 전략 / 재무 경쟁력 제고)

경쟁력 제고 전략(1)	①핵심 경쟁력 강화
	  - 제품(서비스)경쟁력
	  - 가격 경쟁력
	  - 전략 경쟁력
	②경영사활 결정 요소 경쟁력 제고 전략
	  - 경영환경 적응전략
	  - 재무자금 전략
	  - 직원 사기 전략
	③경영 6대 분야 경쟁력 제고 전략
	  - 인사·조직 경쟁력 제고 전략

전략경영 핵심 요소	기본 전략(예시)
경쟁력 제고 전략(2)	- 재무 경쟁력 제고 전략 - 생산 경쟁력 제고 전략 - 기술 경쟁력 제고 전략 - 판매 경쟁력 제고 전략 - 구매 경쟁력 제고 전략 ④경영 6대 과제 경쟁력 제고 - 품질향상 경쟁력 제고 전략 - 원가절감 경쟁력 제고 전략 - 경영전략 경쟁력 제고 전략 - 생산성 향상 경쟁력 제고 전략 - 고객 만족 경쟁력 제고 전략
미래 경영 전략	①지식경영전략 - CEO / 전문경영인 육성전략 - 지식 공유 활용 촉진 전략 - 정보 시스템 활용 전략 - 보상 시스템 구축 전략 ②SNS / e비즈니스 전략 - e비즈니스 마인드 확산 전략 - SNS / e비즈니스 체제 구축 전략 - 사업간 정보 공유 전략 - 사이버 고객과의 관계강화
충성 고객화	①고객 감동 경영 - 고객 만족 → 고객감동 ②충성 고객화 - 단골 고객화 - 구전 마케팅 전위대 ③고객성공

[표 3-2] 전략경영 핵심요소별 기본 전략 예시

Strategy Map 설계 시스템

비전 달성을 위한 핵심 성공요인 도출

비전 달성을 위해서는 정확한 사명mission 설정이 필요하고, 사명 달성을 위해서는 중기 및 단기의 달성 가능한 목표 설정이 필요하다. 또한 목표 달성을 위해서는 회사 목적에 부합한 자사의 핵심 성공요인 개발이 필수 요소다. 이런 핵심 성공요인은 우리 회사에 대한 정확한 경영종합진단과 분석을 통해 도출해 낼 수 있다.

핵심 성공요인 개발과정을 살펴보면 [그림 3-10]과 같다.

그림 3-10 핵심 성공요인 도출 과정도(예시)

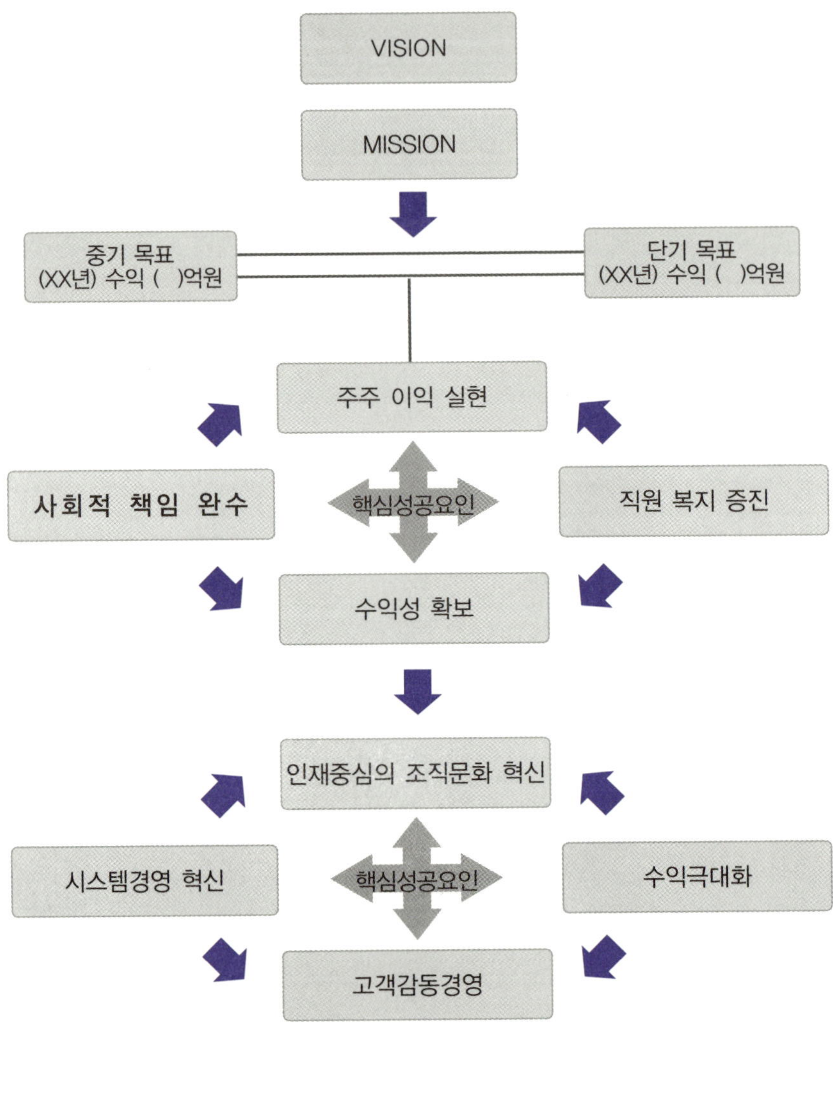

VISION
MISSION
중기 목표
(XX년) 수익 ( )억원
단기 목표
(XX년) 수익 ( )억원
주주 이익 실현
사회적 책임 완수
핵심성공요인
직원 복지 증진
수익성 확보
인재중심의 조직문화 혁신
시스템경영 혁신
핵심성공요인
수익극대화
고객감동경영

핵심전략 개발 및 전략목표 설정

핵심전략을 개발하고 핵심 전략별 전략목표를 제대로 설정하기 위해서는 4대 관점별로 자사의 비전과 사명에 맞는 핵심 성공요인이 선행적으로 개발되어야 한다. 또한 핵심 성공요인이 개발되면 핵심 성공요인 충족을 위한 4대 관점별 핵심전략과 핵심전략별 전략목표들이 개발되어야 한다.

핵심 성공요인에 따른 핵심전략 및 핵심전략별 전략목표 개발과정을 예시하면 [그림 3-11]과 같다.

그림 3-11 핵심전략 및 전략목표 개발 예시

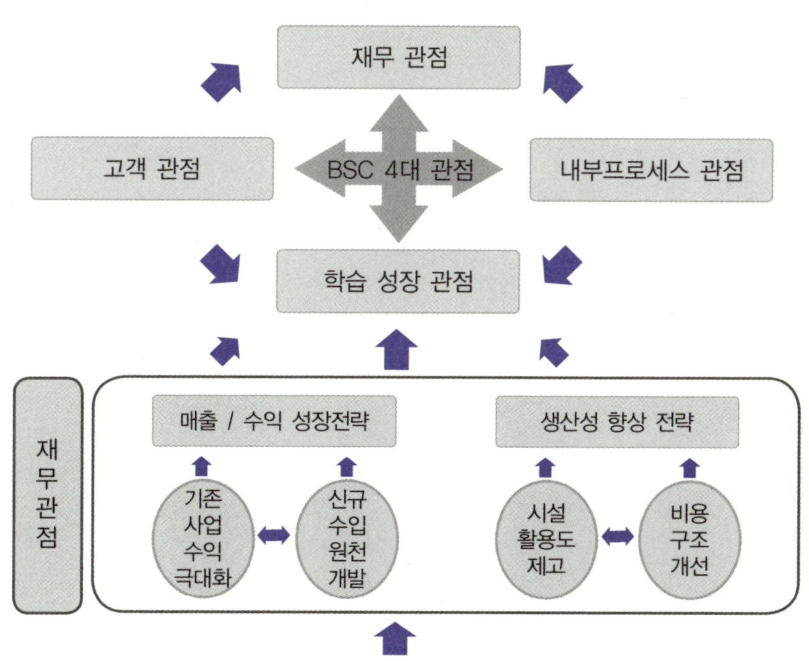

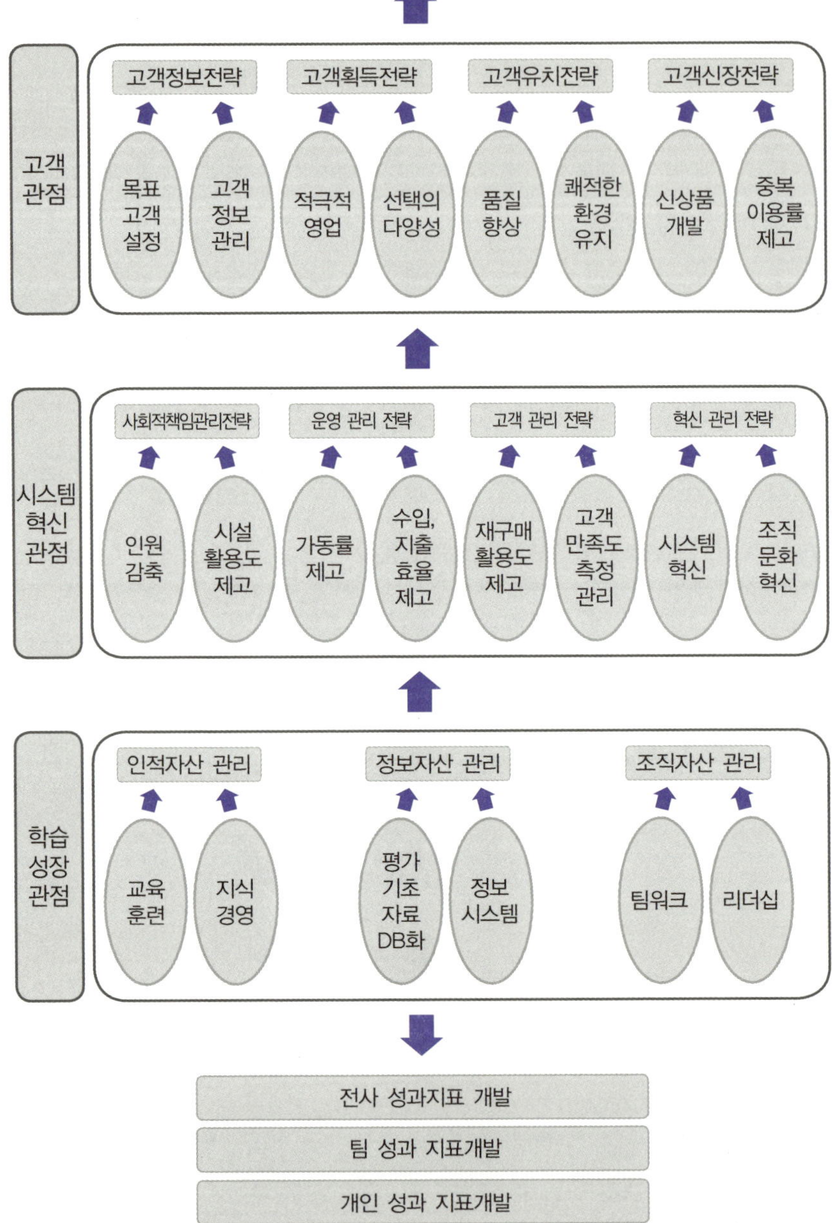
고객
관점
고객정보전략
고객획득전략
고객유치전략
고객신장전략
목표 고객 설정
고객 정보 관리
적극적 영업
선택의 다양성
품질 향상
쾌적한 환경 유지
신상품 개발
중복 이용률 제고
시스템 혁신 관점
사회적책임관리전략
운영 관리 전략
고객 관리 전략
혁신 관리 전략
인원 감축
시설 활용도 제고
가동률 제고
수입, 지출 효율 제고
재구매 활용도 제고
고객 만족도 측정 관리
시스템 혁신
조직 문화 혁신
학습 성장 관점
인적자산 관리
정보자산 관리
조직자산 관리
교육 훈련
지식 경영
평가 기초 자료 DB화
정보 시스템
팀워크
리더십
전사 성과지표 개발
팀 성과 지표개발
개인 성과 지표개발

중장기 경영전략계획의 수립

중장기 경영전략계획의 수립 과정

중장기 경영전략계획은 지난 중장기 계획기간의 경영성과 분석, 향후 계획기간의 경영환경에 대한 예측, 그리고 현 시점에서의 경영현안 및 자사의 강·약점 분석으로부터 시작한다. 이어서 당해 계획기간의 중장기 경영방침과 경영목표 설정이 선행되어야 하고, 이를 바탕으로 전사 중장기 전략계획과 부서별·기능별 중장기 전략계획이 수립 되고 추가적으로 중장기 예산계획이 수립되면 종합적인 중장기 전략계획이 완성되는 것이다.

중장기 경영전략계획의 수립과정을 살펴보면 [그림 3-12]와 같다.

그림 3-12 중장기 경영전략 계획의 수립 과정

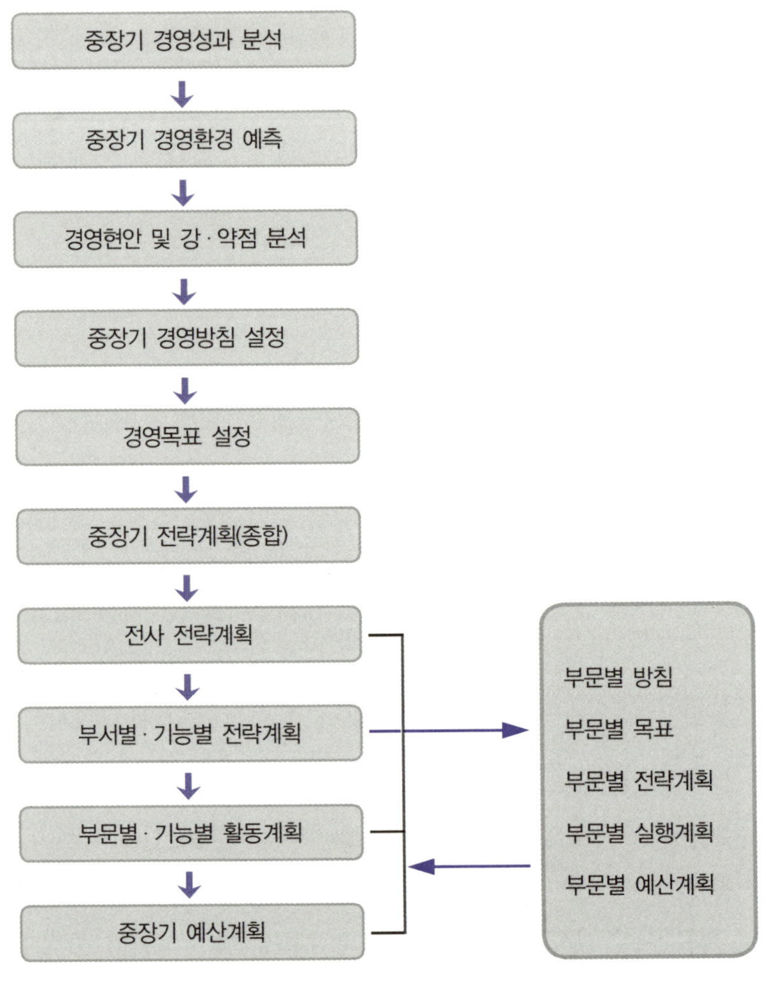

중장기 경영전략계획의 주요 내용 (사기업용)

사기업용 중장기 경영전략계획의 주요 내용을 살펴보면 [표3-3] 과 같다.

전략경영 포인트	전략경영 환경 요소
(1) 중장기 경영성과분석	• 중장기 경영주요 부문별 성과분석
(2) 경영 환경분석 및 예측	• 대외 경영환경 분석
	• 대내 경영환경 분석
	• 대내외 경영환경 예측
(3) 중장기 경영현안 및 강·약점 분석	• 중장기 경영 현안 분석
	• 중장기 경영 기회·위협 요소 분석
(4) 경영전략 방향 및 방침설정	• 중장기 경영전략 방향 설정
	• 중장기 경영방침 설정
(5) 중장기 경영목표 설정	• 중장기 부문별 경영목표 설정
(6) 부문별·기능별 중장기 전략계획	• 중장기 조직·인사·노무 계획
	• 중장기 재무 및 수익계획
	• 중장기 생산계획
	• 중장기 판매계획
	• 기타 계획
(7) 실행계획 / 예산계획	• 부문별·기능별 실행 계획
	• 중장기 예산계획

[표 3-3] 사기업용 중장기 경영전략계획의 주요 내용

중장기 경영전략계획의 주요 내용 (공기업용)

공기업용 중장기 경영전략계획의 주요 내용을 살펴보면 [표3-4]와 같다.

계획 항목	주요 내용

(1) 중장기 경영성과 분석	• 중장기 경영 주요 부문별 성과 분석
	  – 사업부문(사업장)별 수입 · 지출 · 수익분석
	  – 부문별 예산계획 실행 성과 분석
	  – 조직 · 인력 운용 성과분석
	  – 경영혁신 성과분석 등

(2) 경영환경 분석 및 예측	• 대외 경영환경 분석
	  – 정부의 공기업 정책환경 분석
	  – 행정자치부등 주관부처 공기업 정책환경 분석
	  – 관할 지방자치단체 등의 정책환경 분석
	• 대내 경영환경 분석
	  – 주 이용고객(주민) 생활환경 분석
	  – 공기업 내부 경영환경 분석
	• 대내외 경영환경 예측
	  – 정부 · 중앙관할부처 · 지자체 등의 공기업 정책환경 변화 예측
	  – 공단(공사) 경영환경 변화 예측
	• 본부제 · 팀제 · 혁신팀 도입으로 공기업 혁신 가속화
	• BSC등 성과중심체제 확립과 성과중심형 공기업 정책 추진

(3) 중장기 경영현안 및 강 · 약점 분석	• 중장기 경영 현안 분석
	  – 경영현안 도출 (←경영종합진단, 분석)
	  – 경영현안 원인, 문제점 심층분석
	• 경영 강 · 약점 분석
	  – 경영 기회요소 및 강점요소 분석
	  – 경영 위기요소 및 약점요소 분석

(4) 경영전략 방향 및 방침 설정	• 중장기 경영전략 방향 설정 – (1)(2)(3) 분석에 의한 경영전략 기본 방향 설정

계획 항목	주요 내용
(4) 경영전략 방향 및 방침 설정	• 중장기 경영방침 설정 – 경영전략 기본 방향에 따른 경영실행 방침 설정(최고경영층)
(5) 중장기 경영 목표설정	• 중장기 부문별 경영목표 설정 – 사업부문별 계량목표 설정 – 사업부문별 비계량목표 설정
(6) 부문별 · 기능별 전략게획	• 중장기 조직 · 인사 · 노무 계획 – 조직구조 · 형태 · 기능강화 계획 – 인사 노무 효율화 계획 – 전략적 성과관리 시스템 추진 계획 • 중장기 재무 및 수익계획 – 중장기 예산조달 및 실행 계획 – 연도별 수입 · 지출 · 수익계획 • 중장기 계획 – 기존사업 강화 계획 – 신규사업 개발 계획 • 중장기 마케팅 전략 계획 – 고객서비스 강화 추진 계획 – 서비스 품질 인증 획득 계획 – 신규고객 창출 계획 – 공단(공사)홍보 및 이미지 제고 계획 • 기타 계획 – 직원 연수 계획 – 공단(공사) e- 비즈니스화 추진 계획
(7) 실행계획/예산계획	• 부문별 · 기능별 실행 계획 – A사업 부문 효율화 계획 – B사업 부문 활성화 계획 – C사업 부문 활성화 계획 등 • 중장기 예산 계획 – 중장기 세입 예산 계획 – 중장기 세출 예산 계획 – 중장기 종합 예산 계획

[표 3-4] 공기업용 중장기 경영전략계획의 주요 내용

중장기 경영전략계획의 표준 Sheet

중장기 경영전략계획을 작성하기 위해서는 표준 Sheet가 필요하다. 사기업이나 공기업의 특수한 사정에 따라 중장기 경영전략계획에 담아야할 내용이 다르고, 업무 특성도 다르기 때문에 자사 실정에 맞는 양식이 있을 수 있지만, 사기업이나 공기업이나 공통적으로 사용할 수 있는 중장기 경영전략 계획의 표준 Sheet를 제시하면 [그림 3-13]과 같다.

그림 3-13 중장기 경영전략계획 표준 Sheet

I. 전 계획기간 경영성과 분석

1. 국내 경영성과 (매출 · 수익 · 경영 각 분야별 경영성과)

. . . .

2. 해외 경영성과 (수출 · 수익 · 글로벌 경영 각 분야별 경영성과)

. . . .

II. 경영환경 분석 및 예측

연도 경영전략계획 수립

연도 경영계획의 주요 항목

연도 경영전략계획에는 일반적으로 해당 연도의 경영목표를 비롯하여 종합계획으로서의 손익계획, 자금 계획, 그리고 자산 및 자본 계획과 부문계획으로서의 노무계획·생산 및 설비계획·판매계획·재무계획 등이 주요 항목으로 나누어진다.

연도 경영계획의 주요 항목을 살펴보면 [그림 3-14]와 같다.

연도 경영계획 작성의 표준순서와 일정표

연도 경영계획의 일반적인 작성 표준순서는 전년도에 대한 경영실적 분석, 해당 연도에 대한 산업 및 기업 예측, 계획년도의 경영방

그림 3-14 연도 경영계획의 주요 내용

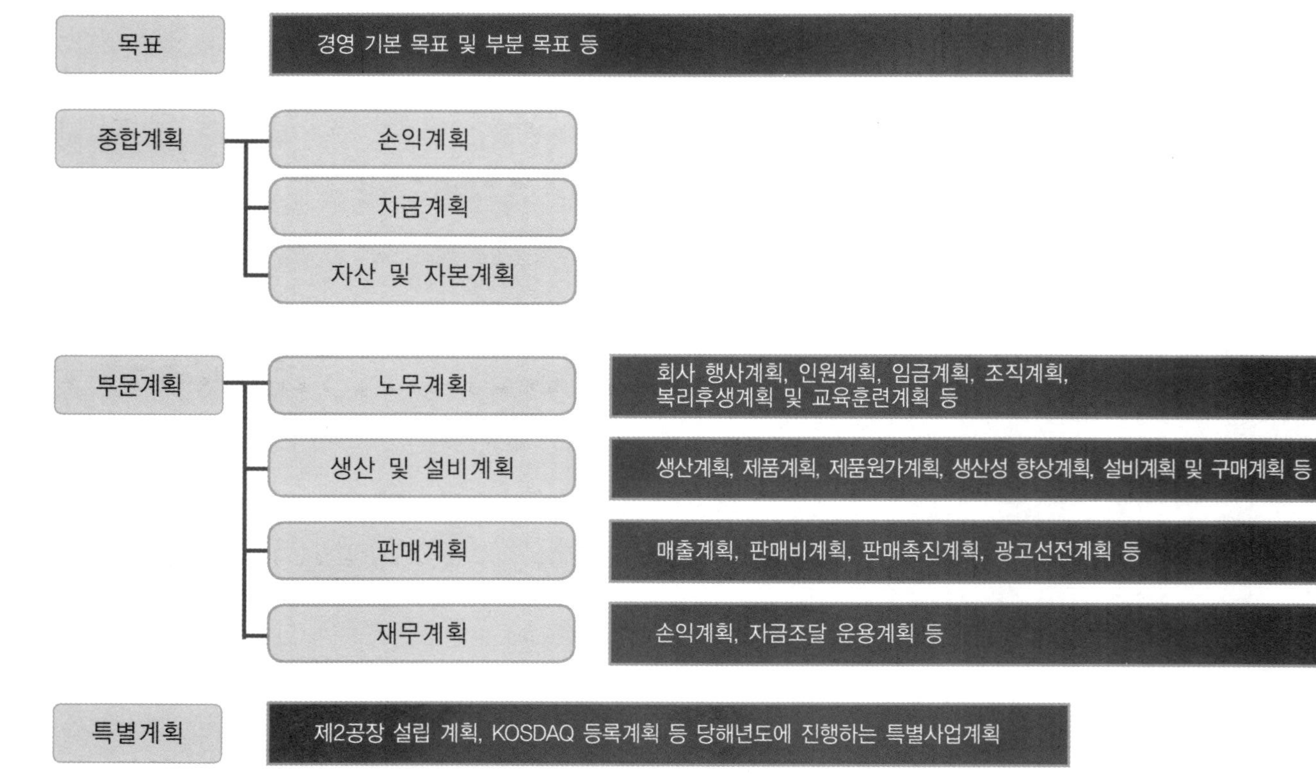

침과 연도 경영목표 설정, 그리고 생산·마케팅·조직 및 인사 등 부문계획과 세부 예산계획 순서로 작성하는 것이 일반적인 순서다.

이와 같은 순서로 연도 경영계획을 작성하는 데는 얼마 정도의 기간이 소요될까? 이는 전략계획 업무를 담당하는 직원의 전략계획 수립 경험, 업무능력 등에 따라 차이가 나지만 1~2년 정도의 경험이 있는 직원을 기준으로 추정해 보면 약 1개월 반 내지는 2개월 정도가 소요된다. 따라서 당해 연도의 경영계획이 최소한 회계년도가 시작되는 1월 1일 이전에 완성되려면 11월초 내지 최소한 11월 중순까지는 다음 연도 경영계획 수립에 들어가야만 연도 경영계획을 다음 연도 개시 전에 완성할 수 있다. 전략기획 업무를 담당하는 실무자들은 이런 점을 고려하여 연도 경영계획 일정을 수립하는 것이 좋다.

연도 경영계획의 작성 순서와 일정표를 예시하면 [표3-5]와 같다.

순서	계 획 항 목	작 성 자	작성 소요일수 (연일수)
1	경영실적분석 (실적검토와 강약점 분석)	각 관계자로부터 사장 (이사장)에 보고	10일 ~14일
2	각종 예측 (산업예측과 기업예측)	기획·총무담당 부서장	10일 ~14일
3	경영방침	사장(이사장) 및 임원회의	5일 ~ 7일
4	연도경영목표 설정	사장(이사장) 및 임원회의	5일 ~ 7일
5	부분계획	각 부문담당 부서장	10일 ~14일
6	세부예산	기획·경리 담당 부서장	10일 ~14일
계	6대항목		50일 ~ 70일

*주 : 각 부서별로 분담하여 실시할 경우는 기간 단축 가능

[표 3-5] 연도 경영계획 작성의 표준순서와 일정표

경영실적 분석의 기본 순서

　연도 경영계획을 수립할 때 맨 먼저 수행해야 하는 사항이 전년도에 대한 경영실적 분석이다. 전년도에 대한 경영분석이 잘 되어야 다음 계획년도의 각종 예측이 정확하고, 과하거나 부족하지 않은 회사 실정에 맞는 경영계획 수립이 가능하다. 따라서 과거년도에 대한 경영실적을 분석할 때는 계수적 · 비계수적 내용뿐만 아니라 사내정보와 사외정보를 총망라하여 정확한 분석이 전제되어야 한다.

　경영실적 분석의 기본 순서를 살펴보면 [그림 3-15]와 같으며, 계수 분석에 필요한 서식의 예도 참고하기 바란다.

그림 3-15 경영실적 분석의 기본 순서

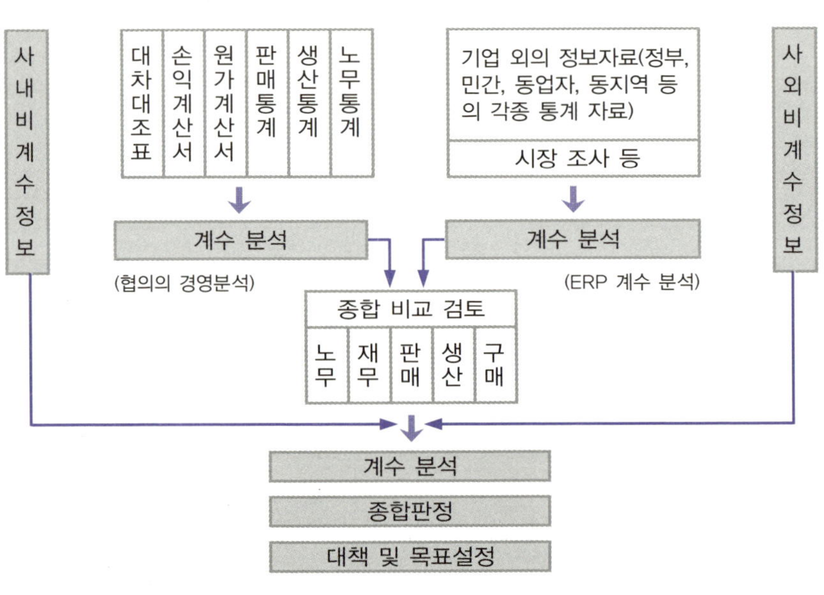

항목	연도별 비교				변동 및 증감사유
	Y−3년도	Y−2년도	Y−1년도	평균	
자기자본금 잉여금 (자본잉여금) (이익잉여금) 총자산 (당좌자산) (유형고정자산) (무형고정자산) 부채 (유동부채) (고정부채)					

주) 금액 하단 (   )에 증감률 표시

[표 3-6] 계수분석 서식−대차대조표 항목

항목	연도별 비교				변동 및 증감사유
	Y−3년도	Y−2년도	Y−1년도	평균	
매출액 매출원가 매출총이익 판매비와 일반관리비 (인건비) (경비) 영업이익 영업외수익 영업외 비용 경상이익 특별이익 특별손실 세전순이익 법인세등 당기순이익					

주) 금액 하단 (   )에 증감률 표시

[표 3-7] 계수분석 서식−손익계산서 항목

항목		연도별 비교				변동 및 증감사유
		Y-3년도	Y-2년도	Y-1년도	평균	
당기 총 제조 비용	재료비	( )	( )	( )	( )	
	노무비	( )	( )	( )	( )	
	제조경비	( )	( )	( )	( )	
소계		( )	( )	( )	( )	
기초제공품 재고액 기말제공품 재고액		( )	( )	( )	( )	
당기제조원가		( )	( )	( )	( )	

주) 금액 하단 ( )에 증감률 표시

[표 3-8] 계수분석 서식-제조원가계산서 항목

항목	연도별 비교				변동 및 증감사유
	Y-3년도	Y-2년도	Y-1년도	평균	
매출액 (A 제품) (B 제품) (C 제품)					
영업인력(명)					
부서별 (A 부서) (B 부서) (C 부서)					
지역별 (A 지역) (B 지역) (C 지역)					

주) 금액 하단 ( )에 증감률 표시

[표 3-9] 계수분석 서식-매출 및 영업 항목

항목	연도별 비교				변동 및 증감사유
	Y-3년도	Y-2년도	Y-1년도	평균	
생산량 (A 제품) (B 제품) (C 제품)					
재고량 (A 제품) (B 제품) (C 제품)					
생산인력(명)					
생산능력					
기타 (　　　)					

주) 금액 하단 (　)에 증감률 표시

[표 3-10] 계수분석 서식-생산 항목

항목	연도별 비교				변동 및 증감사유
	Y-3년도	Y-2년도	Y-1년도	평균	
종업원 수 (임원) (사무직) (영업직) (생산직) (기타)					
인건비 (임원급여) (직원급여) (상여금) (복리후생비) (기타)					
평균임금 (부서별) (직급별)					

주) 금액 하단 (　)에 증감률 표시

[표 3-11] 계수분석 서식-노무 항목

항목		연도별 비교					특기사항
		A사	B사	C사	D사 …	평균	
계 수 정 보	매출액 시장점유율 자본금 종업원 수						
비 계 수 정 보	강점제품 차별화 수요경쟁전략						
기 타	성장추세 향후기본전략 주요강점 주요약점						

[표 3-12] 계수분석 서식－사외 정보자료 (경쟁사 정보) 항목

경영종합진단

경영종합진단을 이용하면 연도 경영계획을 수립함에 있어 자사의 강·약점뿐만 아니라, 장래 자사의 기회요소와 위협요소를 정확히 진단할 수 있다. 이를 통해 자사의 강점과 기회요소는 강화하고, 약점과 위협요소는 제거 또는 보완할 수 있다.

따라서 경영종합진단은 전략이 연도 경영계획에 잘 반영되게 하기 위해 연도 경영계획의 선행 단계로 필요한 과정이다. 경영종합진단의 방법 및 내용 등에 대한 것은 chapter 2의 "경영종합진단과 경쟁력 강화"를 참조하기 바란다.

산업 및 기업환경 단기 예측

산업 및 기업환경 예측은 계획년도의 국내외 경제 및 경영환경뿐만 아니라 자사가 속해 있는 산업과 자사의 단기 경영예측을 명확히 함으로써 계획기간의 정확한 예측을 토대로 경영환경에 맞는 경영계획을 수립하는 데 매우 중요한 기능을 한다.

산업 및 기업환경 단기 예측에서 일반적으로 다뤄져야할 항목들은 다음과 같다.

- 국제 경제 · 경기 · 무역 환경
- 국내 경제 · 경기 단기 흐름
- 자사 소속 산업 예측
- 원재료 수급전망
- 환율 변동
- 노동력 수급전망
- 유통구조 및 소비자 소비성향 변화
- 경쟁사 현황 및 신제품 출현가능성 등 예측

인사 및 노무 계획

연도 경영계획 중 부문계획으로서 첫 번째로 다뤄져야할 항목이 인사 및 노무계획이다. 인사 및 노무계획은 직원들과 직접관련이 있는 항목이기 때문에 직원들에게 매우 민감하게 받아들여지는 항목이다. 따라서 인사 및 노무계획을 수립할 때는 우선 다음 사항을 고려하여 계획이 수립되어야 한다.

첫째, 노사 간 공감대 형성이다. 이를 위해 사전 충분한 의견 수렴 및 공감대 형성 과정을 거쳐야 한다.

둘째, 실현 가능성의 철저한 사전 검토가 필요하다. 이때 계획이 제대로 실행되지 못할 경우의 반작용을 고려하고, 실현 가능성이 희박한 내용은 다음 해로 이월하는 지혜도 필요하다.

셋째, 예산의 뒷받침이 있어야 한다. 특히 임금인상 계획과 채용 · 승진 · 승급 계획 및 복리후생 계획은 사전에 예산 뒷받침 여부를 반드시 확인해야 한다.

(1)인사 · 노무 계획 작성 포인트

인사 · 노무계획을 작성할 때는 다음 사항을 명심하여 작성하여야 한다.

첫째, 인력계획은 조직계획과 연계하여 작성해야 한다. 기업 환경 및 영업 전략을 바탕으로 조직계획이 수립되고, 새로운 조직에 맞는 채용 · 승진 · 승급 계획을 수립한다. 각 부문별 필요 인력은 업무량 및 직무분석 등을 통해 체계적으로 설정한다.

둘째, 자사 실정에 맞는 인력계획을 수립한다. 자사 실정에 맞는 인력계획을 수립하는 방법에는 현재 재직인원을 기준으로 작성하는 방법과 생산성 지표를 기준으로 작성하는 방법이 있다. 먼저 현재 재직인원을 기준으로 T/O를 결정할 때는 사업 부문별 전기말 인원을 먼저 산정하고 기중 입사 및 퇴직자를 감안하여 승진·승급 인원을 계획해야 한다.

셋째, 생산성 지표를 기준으로 작성하는 방법도 있다. 이것은 1인당 매출액·부가가치·순이익 등 생산성 지표를 기준으로 부가가치액을 산출하고, 이를 기준으로 부문별·직급별 인력을 산정하는 방법이다. 이를 기초로 재직 인원 및 생산성 지표를 복합적으로 적용하는 방법도 적용해 볼 수 있다.

인건비 및 복리후생비 계획 방법은 [그림 3-16]과 같다.

그림 3-16 인건비 및 복리후생비 계획 방법

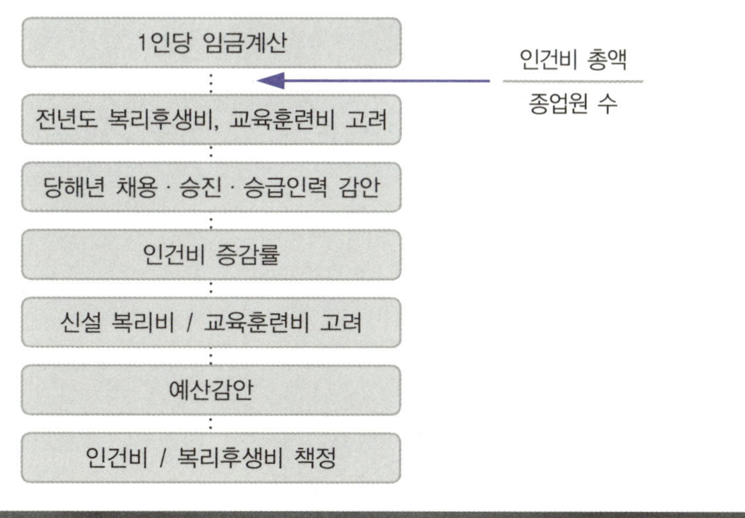

(2)노무 및 인사제도 개발 계획시 고려사항

노무 및 인사제도 개발 계획시 고려사항을 살펴보면 다음과 같다.

첫째, 종업원의 동기부여 기능을 고려해야 한다.

둘째, 예산의 뒷받침이 전제되어야 한다.

셋째, 개발 가능한 인사 및 노무제도 사례를 사전에 조사하고, 이를 바탕으로 예산상황을 분석해서 도입 가능한 새로운 인사 및 노무제도 도입계획을 수립해야 한다. 새로운 인사 및 노무제도 도입계획을 수립할 때 고려해야 할 구체적인 사항을 열거하면 다음과 같다.

- 인사 및 노무제도 신설 및 개선
- 근로환경과 근로조건 신설 및 보완 (사택 · 기숙사 · 안전위생 · 복리후생 시설 등)
- 인사 및 노무관리 수단 개발 (BSC 성과관리, 목표관리, 인사고과, 승진 · 승급 · 배치 · 이동, 자격제도, 의사소통 채널 등)
- 노사관계 (노사협약, 단체교섭, 노사협의체 등)
- 노동효율 측정, 개선 및 모티베이션 개발 등

생산 및 설비 계획

생산 및 설비 계획은 주로 제조업체에서 연도 경영계획을 수립할 때 포함시켜야 할 주요 부문계획이다.

170

생산 및 설비계획을 수립할 때 고려사항은 다음과 같으며, 기타 생산계획량 작성 순서는 [그림 3-17]과 같다.

그림 3-17 생산계획량 작성 순서

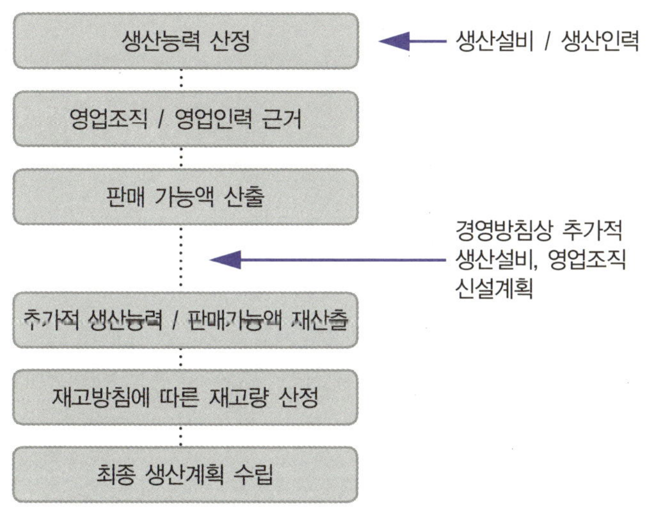

(1)생산 및 설비 계획 수립시 고려사항

생산 및 설비계획 수립시 고려사항을 살펴보면 다음과 같다.

첫째, 생산계획은 판매계획과 연동하여 수립해야 한다.

둘째, 생산계획은 경영 환경변화, 즉 호·불황 및 계절성을 고려하여 책정한다.

셋째, 생산계획은 품질관리·원가관리·납기관리를 중심으로 설정한다.

넷째, 자사 생산형태에 따라 수주와 생산 시기, 품목과 생산량 계획을 수립한다.

다섯째, 설비계획은 시기의 적절성, 설비 규모 사전 검토 및 자금 조달·운용 계획을 면밀히 검토한 다음 수립해야 한다.

(2)설비투자 계획 수립 시 구성 내용

설비투자 계획 수립 시 포함해야 할 구성 내용은 다음과 같다.

- 설비투자의 타당성 검토
- 최적 투자규모 책정
  - 목표 매출액 대비 생산능력 재산정
  - 유휴 설비 최소화
- 설비 자금 조달 계획
  - 자기 자금
  - 금융계획 (사전 한도 확인)
- 설비의 종류 결정
- 설비 설치시기 및 소요예산에 오차가 없도록 계획한다.

마케팅 및 판매계획

　마케팅 및 판매계획은 연도계획에 있어서 차지하는 비중이 매우 높다. 축구에 있어서 링커와 같은 역할이 바로 마케팅 및 판매계획이다. 마케팅 및 판매계획은 생산계획의 전제가 되는 계획이며, 영업 및 판매가 이루어져야 매출이 발생하여 결국 회사 수익의 원천이 되는 것이다.

　필자가 언젠가 어느 대기업을 방문했을 때 큰 사무실 한복판에 "매출은 신앙이고, 수익은 생존이다."란 대형 현수막이 걸려있는 것을 본 적이 있다. 바로 마케팅과 판매의 중요성을 강조한 표현이라 생각한다.

　이렇듯 기업에 있어서 마케팅과 판매는 매우 중요하며, 그 계획 또한 중요하기 때문에 마케팅 및 판매계획을 수립할 때는 실행을 전제로 한 체계적인 계획 수립이 매우 중요하다.

　마케팅 및 판매계획시 핵심요소인 마케팅 및 판매계획 작성 포인트, 판매예산 및 판매촉진 계획 수립시 포함해야 할 사항, 판매계획 작성 방법, 그리고 월별 매출 계획액 산출 요령 및 표준 Sheet(예시)를 살펴보면 다음과 같다.

(1) 마케팅 및 판매계획 작성 포인트

　마케팅 및 판매계획을 작성할 때 포인트는 다음과 같다.

　첫째, 제품에 대한 충분한 시장 조사가 필요하다.

둘째, 동업계 및 경쟁사에 대한 정확한 정보, 즉 경쟁사 현황, 직전년도 제품별·경쟁 회사별 점유율 파악 등을 근거로 판매계획이 이루어진다.

셋째, 판매 조직 및 영업 인력 계획과 연동하여 작성한다.

넷째, 판매 촉진에 직접적 영향을 미치는 판매전략과 광고 선전 계획을 고려하여 작성한다.

(2)판매예산 및 판매 촉진계획 수립 시 포함 사항

판매예산 및 판매 촉진계획 수립 시 포함해야 할 사항은 다음과 같다.

- 계획 포함 내용
  - 판매비 예산
  - 판매 촉진계획
  - 영업 사원 교육·훈련 계획
  - 세일즈맨 활동 계획 등
- 판매비 예산
  - 판매 변동비와 판매 고정비로 구분하여 작성한다.
  - 판매 변동비는 월별 매출액 비율에 따라 할당한 후 연간으로 환산하여 책정한다.
  - 판매 고정비는 월 평균 소요액을 기준으로 계산한 후 환산하여 책정한다.
- 판매 촉진계획
  - 광고선전 활동계획 (광고 매체 선정 및 홍보 방법 등)

- 판촉 행사 · 세일 · 이벤트 등 판매 촉진계획

- 거래처에 대한 경영합리화 지도

- 판매점 지원 활동 등 영업사원 활동 계획

- 판매예산 계획과 영업사원 교육 · 훈련 계획과 병행하여 책정

• 영업사원 교육 · 훈련 계획

- 마케팅 및 영업 훈련기관의 교육 내용 사전 파악

- 사내 훈련 계획

- 회사 실정과 수준에 맞는 교육 선택

- 업무 공백이 없도록 일상의 업무로 추진

(3)판매계획 단계별 작성 방법

• 제1단계

- 직전년도 및 과거 2~3년간 매출실적표 작성

• 제2단계

- 당해년 판매 방침 고려

- 제품별 매출 계획액 산출

- 부서별 · 담당자별 · 거래처별 매출 계획액 산정

• 제3단계

- 요소별 매출 계획액을 월별로 분산

• 제4단계

- 월별 매출 계획액 합산

- 1년간 매출 계획액 산출

월별	직전년 매출실적액	실적 구성비	가감사항	조정 구성비	매출 계획	비고
1월 2월 3월						
1/4분기						
4월 5월 6월						
2/4분기						
7월 8월 9월						
3/4분기						
10월 11월 12월						
4/4분기						
합계						

[표 3-13] 월별 매출 계획액 산출 Sheet

재무 및 예산계획

　재무 및 예산계획은 연도 경영계획의 성패여부를 가늠하는 가장 중요한 요소다.　아무리 좋은 전략이 포함된 경영계획이라 하더라도 자금이나 예산의 뒷받침이 없다면 무의미하기 때문이다.　전략이나 실행방법이 우리의 머리와 몸에 해당한다면 재무와 예산은 피와 같은 개념으로 전략계획의 성패는 바로 자금과 예산의 확보에 있다고 보아도 과언이 아니다.

　그런 의미에서 전략계획 중 재무 및 자금계획은 가장 실현 가능성이 높고 현실적이어야만 전략계획의 성공 가능성을 높여주는 중요한 항목이 된다.

　따라서 재무 및 예산계획 수립 시에는 다음과 같은 작성 포인트를 숙지하고 작성하는 지혜가 필요하다.

(1)재무계획 작성 포인트

　재무계획 작성 포인트를 살펴보면 다음과 같다.

　첫째, 재무계획은 손익계획·예산계획·자금 조달 및 운용계획으로 구분하여 작성한다.

　둘째, 손익계획에는 수익력 달성 계획, 손익 발생원인 분석, 수익 극대화 방안, 수익 및 비용의 조화 등의 항목을 포함하여야 한다.

　셋째, 손익계획의 핵심은 목표이익의 산출에 있다.　목표이익을 산정할 때는 다음 사항 중 자사의 실정을 고려하여 선택하여 적용할 수 있다.

- 최근년도 매출액 대비 이익(경상이익)율을 기준으로 목표이익을 산정한다.
- 투입된 자본 수익력을 바탕으로 목표이익을 산정한다.
- 1인당 경영 요소를 중심으로 1인당 경상이익, 1인당 당기순이익 등 구체적인 목표이익을 산정한다.

(2)예산계획 작성 요령

예산계획의 종류에는 투자 예산, 인건비 예산 (복리후생 예산 포함), 판매비와 일반관리비 예산 및 제품원가 예산 등이 있다.

예산계획을 작성할 때는 다음 사항을 고려하여 작성한다.

- 과거년도 추세 분석
- 투자예산은 당해년도의 설비투자 계획과 연계하여 작성
- 인건비 예산은 인건비 인상률, 신규채용 · 승진 · 승급 · 퇴직 예상 인원을 고려하여 작성
- 판매비와 일반관리비 예산은 과거년도 추세를 기준으로 당해년도의 계획 상황을 고려하여 작성
- 제품원가 예산은 과거 추세 및 당해년도의 원가절감율등을 고려하여 책정

(3)추정 재무제표 작성

추정 재무제표에는 추정손익계산서, 추정대차대조표, 자금조달

운용 계획표 등 세가지 종류가 있다.

추정 재무제표를 작성할 때는 다음과 같은 작성원칙을 준수하여 작성하여야 한다.

- 회계원리 준수
- 재무제표 상호간 모순 회피
- 과거 추세 분석 활용
- 간이식 비율 배분법 활용

추정 재무제표 작성에 필요한 표준 Sheet를 살펴보면 다음과 같다.

항목	과거 3개년 추세	당해년도 계획	산출근거
매출액 매출원가			
매출총이익 판매비와 일반 관리비			
영업이익 영업외수익 영업외비용			
경상이익 특별이익 특별손실			
세전순이익 법인세 등			
당기순이익			

[표 3-14] 추정 손익계산서 Sheet

차변		대변		당해년 증감		계획년도 말 잔액
항목	금액	항목	전년말잔액	증가	감소	
당좌자산		부채				
		(유동부채)				
유형고정자산		(고정부채)				
		자본금				
		(자기자본)				
무형고정자산		(자본잉여금)				
		(이익잉여금)				
기타자산		(당기순이익)				
자산합계		부채와 자본합계				

[표 3-15] 추정 대차대조표 작성 Sheet

자금운용		자금조달		산출근거
항목	금액	항목	전년말 잔액	
토 지		차입금		
건 물				
승용차		자본증자		
·				
·				
·				
·				
자금과부족		자금과부족		
합계		합계		

[표 3-16] 자금조달 · 운용계획표 작성 Sheet

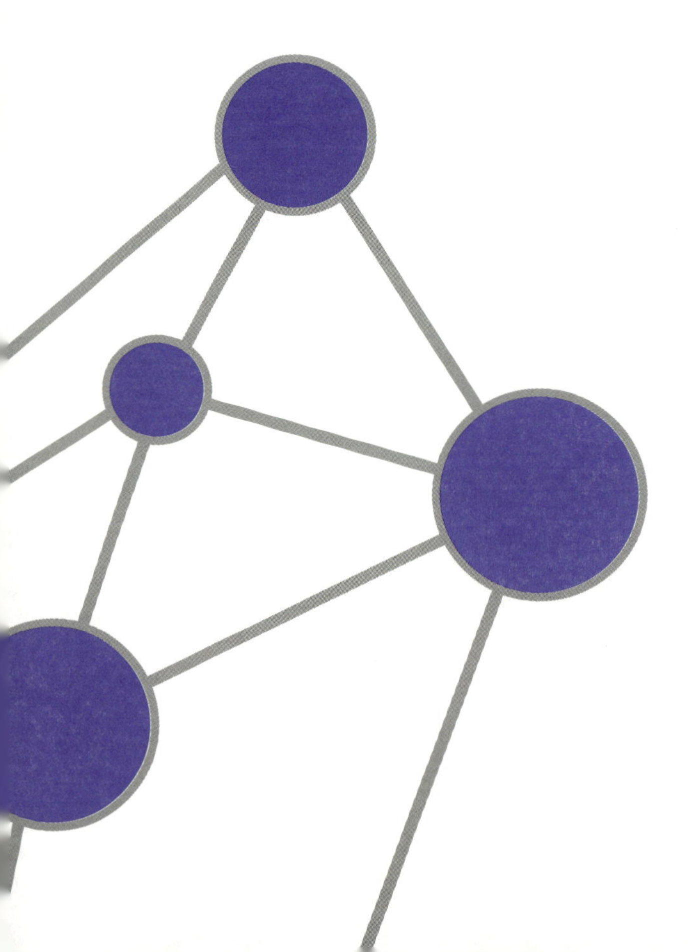

실행 및 목표관리 시스템

실행시스템

실행 및 성과의 중요성

실행 및 성과의 중요성은 아무리 강조해도 지나치지 않다. 아무리 좋은 계획이라 하더라도 실행하지 않고, 성과가 없으면 아무 의미가 없기 때문이다. 그런 의미에서 필자는 chapter 3에서 살펴본 전략계획이 꼭 필요하고 중요하지만 실행시스템이 완벽해야만 성과중심의 경영이 가능해 진다고 밝혔다. 전략계획도 시스템경영에 있어서 꼭 필요한 기능이지만 실행에 무게를 둔 경영이 고효율경영을 실현하는 지름길이다. 그런 의미에서 실행 및 성과중심의 경영이 얼마나 중요한지는 아무리 강조해도 지나치지 않을 것이다.

고효율 업무실행 및 고성과 실현의 전제조건을 살펴보면 다음과 같다.

- 원대한 청사진을 실행 가능한 행동체계로 바꾸는 핵심은 철저한 분석이 전제가 된다.
- 실행의 본질은 치밀한 수학적 계산을 통해 세부적 근거를 마련하는 것이다.
- 실행은 합목적적이며 끈질긴 원인 규명에서 비롯된다.
- 실행은 현실성에 입각해야 성공한다.
- 평가 시스템의 구축이 전제되어야 한다.
- 평가 결과에 대한 보상 시스템의 구축도 필요하다.
- 적합한 인력을, 적합한 시기에, 최적의 업무에 투입할 때 조직의 실행력이 극대화 된다.
- 실행 정신이 내포된 시스템 리더십 발휘가 요청된다.
  - 합리적인 의사결정
  - 실행력을 겸비한 리더십

실행은 시스템이다

실행은 시스템이 뒷받침 되지 않으면 효율이 낮을 수밖에 없다. 회사의 업무가 물 흐르듯이 수행되기 위해서는 업무프로세스가 완벽하게 설계되어야 하고, 그 업무프로세스에 따라 표준 업무매뉴얼이 작성되어 평소 업무수행 과정에서 실전 교본처럼 활용되어야 한다.

이와 같이 업무가 시스템적으로 체계를 갖추기 위해서는 업무실행 과정에서 전 직원이 준수해야 할 수칙이 마련되어야 하고, 적극적이고 긍정적이며 성과중심적인 업무를 수행할 수 있는 기업문화가 만들어져 있어야 한다. 또한 기업문화는 경영환경 변화에 따라 부단히 혁신되어야만 한다. 그리고 업무를 실행하고 기업문화를 혁신하는 주체인 조직에 인재를 효율적으로 관리하는 인재관리 시스템이 완벽하게 갖춰져 있어야 한다.

실행시스템의 핵심 요소를 살펴보면 [그림 4-1]과 같다.

그림 4-1 실행시스템의 핵심 3요소

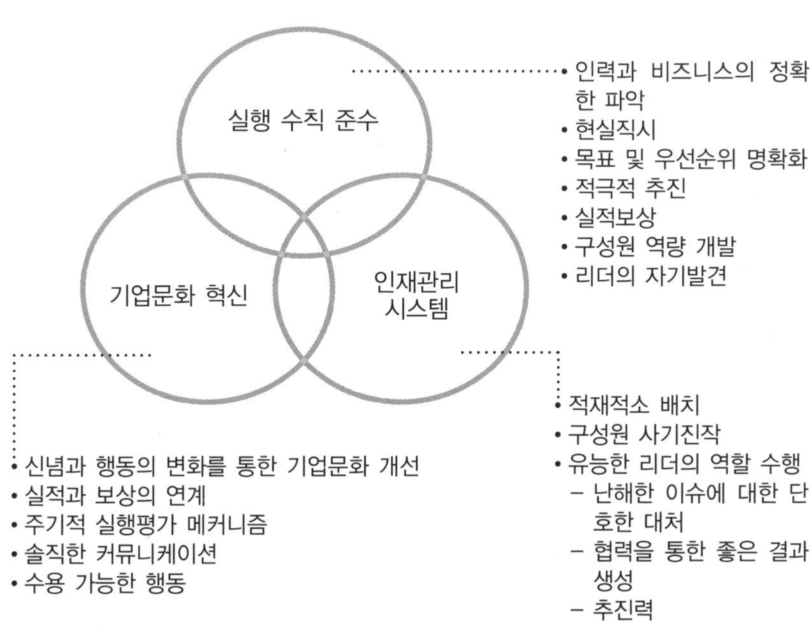

실행의 3대 핵심 프로세스

실행의 3대 핵심 요소별 고려사항을 살펴보면 다음과 같으며, 인력과 전략 및 운영의 연계, 리더십 평가표, 그리고 역량평가표를 예시하면 [그림 4-2]와 [표4-1]과 같다.

그림 4-2 인력과 전략 및 운영의 연계 예시표

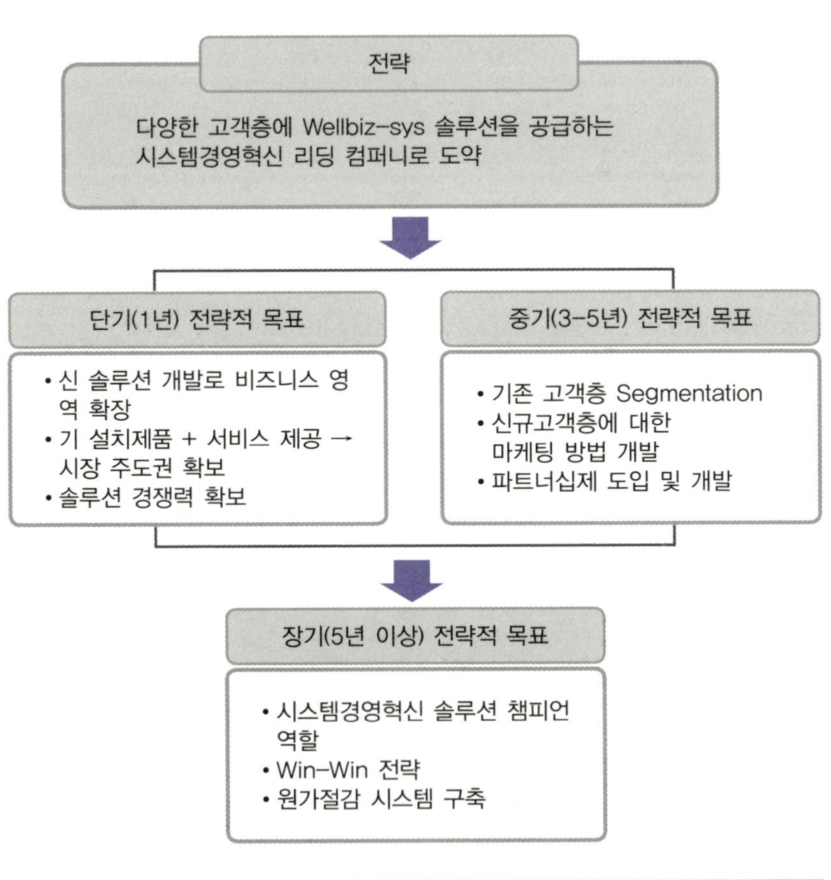

대상자 : 마케팅담당 팀장 김철수

역량	S	A	B	C	D
비즈니스 안목					
고객 지향성					
전략적 직관력					
Vision 및 Mission					
애사심 · 직업의식					
실행력					
솔선수범성					
팀워크					
혁신성					
리더십					
자기계발					
업무성과					

[표 4-1] 역량 평가표 예시

(1) 인력 프로세스

인력 프로세스는 다음 사항들을 고려하여 설계되어야 한다.

① 인력과 전략 및 운영의 연계

    - 장 · 단기 전략계획 및 목표와 연계

    - 실행계획상의 전반적인 목표와 연계

② 리더십 파이프 라인 개발

- 경영전략 목표달성 여부는 장래가 유망하고, 승진 가능성이 높은 리더 확보가 관건

- 지속적 개선

　　- 효율적 지위 계승

　　- 이탈 가능성 예방

- 미래의 리더 후보자 평가 필요

- 리더십 역량 평가

③성과부진자 조치

- 관리자이지만 능력이 낮은 경우 : 합당한 역할 부여

- 높은 영업실적을 실현하고 있지만 리더십이 부족한 경우 : 전략 및 관리분야 배치를 배제하고 영업분야에 전진 배치

- 다른 방법이 없는 경우 : 어쩔 수 없이 해고하되, 회사에 대해 부정적 언동을 하지 않도록 최대한 조치

④인재개발팀의 임무와 운영방식 개선

첫째, 전사적 성과평가 프로세스가 개발되면 인력 프로세스가 실행 수단으로써 놀라운 효율성을 발휘되기 때문에 어느 정도 조직과 인력이 갖춰진 회사나 공기업의 경우는 최우선적으로 성과관리 시스템 도입을 위한 사전조사와 컨설팅을 통한 전략적 성과관리 종합시스템(근무평정, 목표관리, BSC 성과 관리, 그리고 다면평가)의 도입이 최우선적으로 이루어 져야한다.

둘째, 인재개발팀은 과거 인사관리 중심에서 성과관리 중심으로 전환하고, 전사적 비즈니스 프로세스에서 성과중심 경영이 가능하도록 인사평가 시스템의 전반적인 혁신이 이뤄져야 한다.

셋째, 전략과 실행, 그리고 인사평가(성과평가 포함)가 통합적으로

연계되어 통합 시스템으로 자리 잡을 때까지 임직원 모두가 시스템경영의 첨병이 되어 시스템경영 정착에 최선을 다해야 한다.

넷째, 신규 채용단계부터 배치·교육·인력관리·성과평가·퇴사에 이르기까지 인력의 효율적 관리시스템이 국제표준에 맞게 재편되어야 한다.

(2)전략 프로세스

전략은 신체의 머리에 해당된다. 신체에서 머리 부위에 이상이 생기면 사람으로서 구실을 제대로 할 수 없듯이 기업도 전략 프로세스가 제대로 갖춰지지 않으면 효율적인 경영이 어렵다. 따라서 전략 프로세스를 설계할 때 다음 사항들을 고려하여 체계적인 전략 프로세스가 설계되도록 최선을 다해야 할 것이다.

①Plan(계획) - Do(실행) - See(평가) 시스템의 연계

- 실행을 전제로 한 전략계획
- 성과평가를 전제로 한 전략계획
- 성과평가 결과를 반영한 전략계획 수립

②전략의 기본적인 목적

- 고객에 대한 높은 호감도 창출로 매출 실현
- 지속적인 경쟁우위 확보

③전략의 기본 원칙

- 글로벌 네트워크 구축
- 기술차별화, 가치혁신 및 수익증대 기여

• 신중한 인력선발과 새로운 조직구조 창안

• 자사 실정에 맞는 마케팅 활동 전개

• 관리 부문의 효율화

④실행을 위한 전략계획 수립시 고려사항

• 기존 시장 및 고객에 대한 충분한 이해

• 수익성 향상을 위한 최선의 방법

• 경쟁기업에 대한 철저한 분석

• 계획 실행 시 가장 중요한 기준설정

• 전략 실행 역량 개발

• 중장기 및 연도 전략계획의 조화

• 팀별 핵심과제 파악

• 지속적 수익창출 방안 강구

  - 가격정책

  - 현재와 미래의 비용과 비용구조

  - 운전자금 및 현금흐름

  - 매출증대 방안

  - 상품마케팅을 위한 판매비 투자

  - 차세대 제품개발을 위한 지속적인 투자

  - 경쟁기업에 대한 가격 대응

(3)운영 프로세스

운영 프로세스는 앞에서 강조했듯이 효율경영과 생산성 향상을 위해 중요한 요소 중의 하나다. 따라서 운영 프로세스를 설계할 때는 다음 사항들을 고려하여 최상의 운영 프로세스가 개발되도록 부서 간 충분한 소통과 협력, 그리고 아이디어 개발과 함께 다음과 같은 운영프로세스 항목들에 대한 체계화가 이루어져야 한다.

- 실행업무 운영의 On-line화
- 계획에 대한 월 및 분기 단위 목표설정 시스템 연계
- 목표 : 실적에 대한 월별 · 분기별 평가시스템 연계
- 주간 업무계획 : 실적관리 시스템 개발
- 지시 및 자가업무 등록관리 시스템 개발
- 업무 진척관리와 전자결재 시스템 개발
- 일상업무 처리 과정에서의 Quality & Speed 관리 시스템 개발
- 일상업무 평가시스템 개발
- 처리결과 통계관리 및 분석시스템 개발

02 실행관리 시스템

실행 목표 설정

(1)영업부서 실행 목표 설정

　전략계획이 제대로 실행되기 위해서는 실행관리 시스템이 완벽해야 한다. 특히 영업부서의 실행관리 시스템은 어느 부서의 실행관리 시스템과 비교하더라도 가장 실행력이 높은 시스템으로 구축되어야 한다.

　영업부서의 실행목표 설정 메커니즘을 살펴보면 [그림 4-3]과 같다.

(2)관리부서 실행 목표 설정

　관리부서의 실행 목표 설정 메커니즘을 살펴보면 [그림 4-4]와 같다.

그림 4-3 영업부서 실행 목표 설정 메커니즘(예시)

전사 목표
• 회사 매출액 : 300억
영업본부 목표
• 영업본부장
매출액 : 300억
영업1팀 목표
영업2팀 목표
마케팅팀 목표
팀장 목표 : 150억
팀장 목표 : 150억
판매비 성과 목표
A 사원 목표
B 사원 목표
C 사원 목표
D 사원 목표
E 사원 목표
F 사원 목표
G 사원 목표
H 사원 목표
I 사원 목표
(60억)
(50억)
(40억)
(50억)
(45억)
(55억)
(영업 이익)
(마케팅 전략)
(판매비 효율)

그림 4-4 관리부서 실행 목표 설정 메커니즘(예시)

전사목표
본부목표
인사팀 목표
재경팀 목표
인사파트 목표
성과관리 파트
인재육성 파트
이의 목표
일반관리비 절감목표
영업외비용 절감 목표
A 팀원 목표
B 팀원 목표
C 팀원 목표
D 팀원 목표
E 팀원 목표
F 팀원 목표
(인사, 조직관리)
(MBO, 보상제도)
(교육 훈련제도)
(10억 원)
(△2억 원)
(△1억 원)

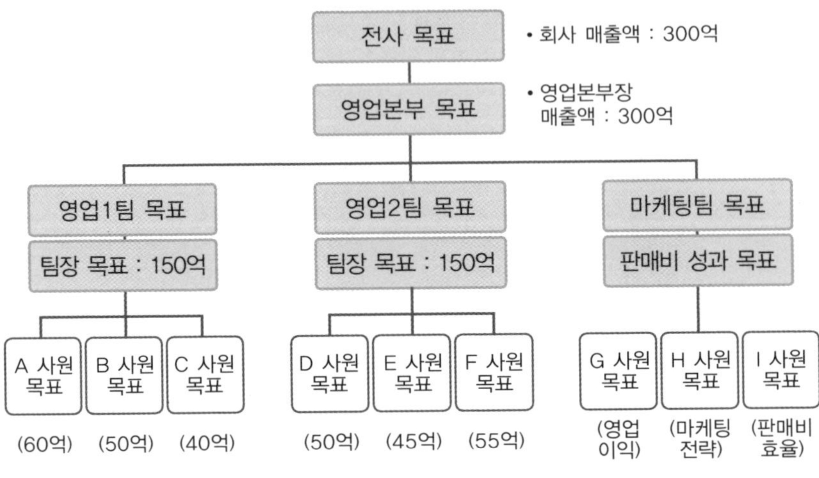

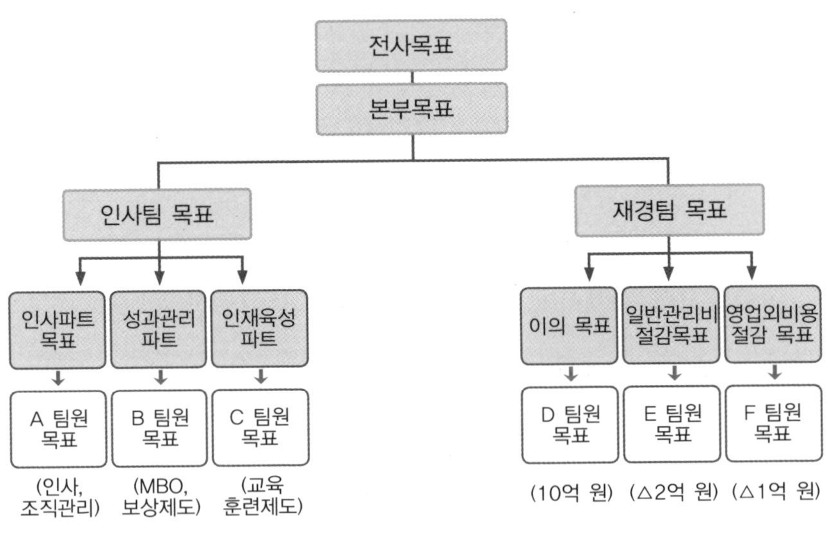

196

(3)생산부서 실행 목표 설정

생산부서의 실행 목표설정 메커니즘을 살펴보면 [그림4-5]와 같다.

그림 4-5 생산부서 실행 목표설정 메커니즘(예시)

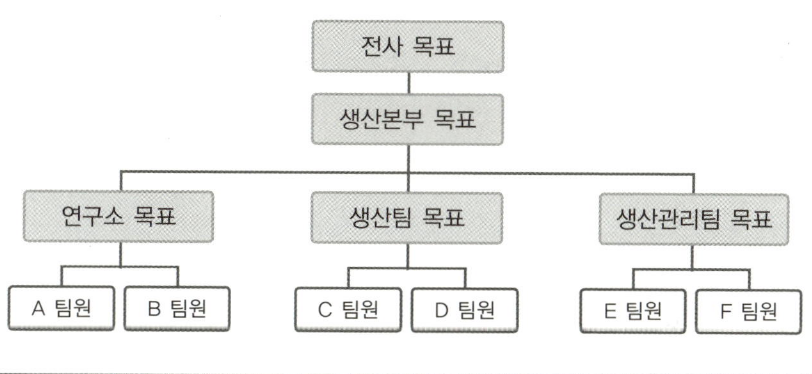

목표 실적 관리

목표는 설정도 중요하지만 제대로 실행되는지를 월별·분기별로 파악하는 일이 더 중요하다. 왜냐하면 목표를 세우는 것은 달성하는 데 목적이 있으며, 그 목표를 달성하기 위해서는 매월·매분기 단위로 실적을 분석하고 관리하고 평가하는 시스템이 갖추어져 있어야 하기 때문이다. 이런 목표 : 실적 관리를 체계적으로 하기 위해서는 매출총액에 대한 목표대비 실적 관리 표준 Sheet가 필요하다.

매출 실적 관리 Sheet를 예시하면 [표4-2] 내지 [표 4-3]과 같다.

구분	목표 관리	연간 누계	월 및 분기 목표								
			1	2	3	분기계	…	10	11	12	분기계
매출 (내수)	목표						…				
	실적						…				
	달성율						…				
수출	목표						…				
	실적						…				
	달성율						…				
기타	목표						…				
	실적						…				
	달성율						…				
합계	목표						…				
	실적						…				
	달성율						…				

[표 4-2] 매출총액 목표 실적관리 Sheet

구분	목표 관리	연간 누계	월 및 분기 목표								
			1	2	3	분기계	…	10	11	12	분기계
A제품	목표						…				
	실적						…				
	달성율						…				
B제품	목표						…				
	실적						…				
	달성율						…				
기타	목표						…				
	실적						…				
	달성율						…				
합계	목표						…				
	실적						…				
	달성율						…				

[표 4-3] 제품별 매출 실적관리 Sheet

구분	목표 관리	연간 누계	월 및 분기 목표								
			1	2	3	분기계	…	10	11	12	분기계
서울 (A사업 본부)	목표						…				
	실적						…				
	달성율						…				
경기 (B사업 본부)	목표						…				
	실적						…				
	달성율						…				
기타 (C사업 본부)	목표						…				
	실적						…				
	달성율						…				
합계	목표						…				
	실적						…				
	달성율						…				

[표 4-4] 지역별(사업본부별) 매출 실적관리 Sheet

구분	목표 관리	연간 누계	월 및 분기 목표								
			1	2	3	분기계	…	10	11	12	분기계
A부서 (홍길동)	목표						…				
	실적						…				
	달성율						…				
B부서 (강감찬)	목표						…				
	실적						…				
	달성율						…				
C부서 (이순신)	목표						…				
	실적						…				
	달성율						…				
합계	목표						…				
	실적						…				
	달성율						…				

[표 4-5] 부서별(개인별) 매출 실적관리 Sheet

원가절감 목표 실적 관리

　원가절감은 대기업 · 중견기업 · 중소기업뿐만 아니라 공기업의 경우에도 기업경영의 핵심과제인 동시에 무한경쟁 시대에 살아남기 위한 생존 필수 해결 요소이기도 하다. 현대 기업은 국경을 초월한 무한경쟁 속에서 생존하고 있으며, 대기업과 협력기업간 관계는 상호협력 관계가 기본이지만 경우에 따라서는 원가절감을 위한 분업 체제이기도 하다.

　실제 비즈니스 현장에서는 대기업의 원가절감을 협력기업에 전가하여 중소기업의 생존을 위협하는 경우도 있다. 또한 우리나라 기술수준을 맹추격하는 중국이 저가공세로 세계시장을 점유하고 있고, 세계시장에서 중국의 저가제품 공세를 뛰어넘지 못하면 향후 우리 기업의 생존은 어려운 국면을 맞이할 수밖에 없을 것이다.

　그럼에도 불구하고 많은 기업들이 원가절감의 필요성은 인식하면서도 정작 체계적인 원가관리 시스템은 거의 갖춰져 있지 않거나 미흡한 경우가 많은 것이 우리의 현실이다. 따라서 향후 기업들이 생존하기 위해서는 개별회사의 특성에 맞는 원가관리 시스템 구축이 매우 필요한 시기인 것이다.

　원가관리 시스템을 구축할 때 맨 먼저 고려해야 할 사항은 자사 실정에 맞게 원가개념을 세분하는 것이다. 제조업의 경우를 예로 들면 제조원가를 재료비 · 노무비 · 제조경비로 나누고, 판매비와 일반관리비를 판매비와 일반관리비로 구분하여 관리해야 한다. 판매비는 영업부서에서 관리 통제해야 할 비용 항목이고, 일반관리비는 총무나 관리부서에서 관리해야 할 항목이기 때문이다. 또한 영업외 비용은 금융비용으로써 재무건전화 등을 위해 경리부서나 총무부서에서 관리해야 할 비용 항목인 것이다.

둘째는 원가항목별로 관리 부서를 지정하는 일이다. 앞에서 지적했듯이 판매비는 영업부서에서, 일반관리비는 관리부서에서, 영업외 비용은 경리나 총무부서에서 책임지는 관리 시스템이 필요하다.

셋째는 원가관리 시스템이 필요하다. 원가관리 목표설정과 이의 평가관리가 체계적으로 이루어질 때 온전한 원가관리 시스템이 완비되었다고 말할 수 있다.

원가관리에 필요한 기본 Sheet를 예시하면 [표4-6] 내지 [표4-10]과 같다.

구분	목표관리	연간누계	월 및 분기 목표									
			1	2	3	분기계	…	10	11	12	분기계
재료비	목표						…				
	실적						…				
	달성율						…				
노무비	목표						…				
	실적						…				
	달성율						…				
제조경비	목표						…				
	실적						…				
	달성율						…				
합계	목표						…				
	실적						…				
	달성율						…				

[표 4-6] 제조원가 절감 목표 : 실적 관리 Sheet

구분	목표관리	연간누계	월 및 분기 목표								
			1	2	3	분기계	…	10	11	12	분기계
제조원가절감	목표						…				
	실적						…				
	달성율						…				
판매비절감	목표						…				
	실적						…				
	달성율						…				
일반관리비절감	목표						…				
	실적						…				
	달성율						…				
영업외비용절감	목표						…				
	실적						…				
	달성율						…				
합계	목표						…				
	실적						…				
	달성율						…				

[표 4-7] 원가절감 총괄 목표 : 실적관리 Sheet

구분	목표관리	연간누계	월 및 분기 목표								
			1	2	3	분기계	…	10	11	12	분기계
인건비	목표						…				
	실적						…				
	달성율						…				
경비	목표						…				
	실적						…				
	달성율						…				
합계	목표						…				
	실적						…				
	달성율						…				

[표 4-8] 일반관리비 절감 목표 : 실적관리 Sheet

구분	목표 관리	연간 누계	월 및 분기 목표								
			1	2	3	분기계	…	10	11	12	분기계
영업 인건비	목표						…				
	실적						…				
	달성율						…				
광고 선전비	목표						…				
	실적						…				
	달성율						…				
영업 교육비	목표						…				
	실적						…				
	달성율						…				
기타 영업 경비	목표						…				
	실적						…				
	달성율						…				
합계	목표						…				
	실적						…				
	달성율						…				

[표 4-9] 판매비 절감 목표 : 실적관리 Sheet

구분	목표 관리	연간 누계	월 및 분기 목표								
			1	2	3	분기계	…	10	11	12	분기계
지급이자 와 할인료 (제도금융)	목표						…				
	실적						…				
	달성율						…				
지급이자 (사금융)	목표						…				
	실적						…				
	달성율						…				
합계	목표						…				
	실적						…				
	달성율						…				

[표 4-10] 영업외비용 절감 목표 : 실적관리 Sheet

이익 목표 : 실적 관리

　이익 목표 : 실적 관리는 매출에서 원가 또는 비용을 제외하고 수익관점에서 수익의 극대화를 위해 관리하는 재부관리 항복이다. 아무리 많은 매출을 실현했다 하더라도 실제 기업에 수익이 발생하지 않는다면 무의미할 것이다. 따라서 기업에서 최종적으로 이익계획을 수립하고 이를 체계적으로 관리하는 일은 매우 중요한 일 중의 하나다.

　이익 목표 : 실적 관리를 위한 표준 Sheet는 [표 4-11], [표 4-12], [표4-13], [표4-14], [표4-15]와 같다.

구분	목표 관리	연간 누계	월 및 분기 목표								
			1	2	3	분기계	…	10	11	12	분기계
수익	목표						…				
	실적						…				
	달성율						…				
비용	목표						…				
	실적						…				
	달성율						…				
수익 대비 비용 지수	수익 실적						…				
	비용 지수	수익이 100일때 비용( )%					…				

[표 4-11] 수익대비 비용 종합목표 관리 Sheet

구분	목표 관리	연간 누계	월 및 분기 목표								
			1	2	3	분기계	…	10	11	12	분기계
수익 항목 A	목표						…				
	실적						…				
	달성율						…				
수익 항목 B	목표						…				
	실적						…				
	달성율						…				
기타 수익	목표						…				
	실적						…				
	달성율						…				
합계	목표						…				
	실적						…				
	달성율						…				

[표 4-12] 수익 항목별 목표 : 실적관리 Sheet

구분	목표 관리	연간 누계	월 및 분기 목표								
			1	2	3	분기계	…	10	11	12	분기계
비용 항목 A	목표						…				
	실적						…				
	달성율						…				
비용 항목 B	목표						…				
	실적						…				
	달성율						…				
기타 비용	목표						…				
	실적						…				
	달성율						…				
합계	목표						…				
	실적						…				
	달성율						…				

[표 4-13] 비용 항목별 목표 : 실적관리 Sheet

구분	목표 관리	연간 누계	월 및 분기 목표								
			1	2	3	분기계	…	10	11	12	분기계
매출액	목표						…				
	실적						…				
	달성율						…				
제조 원가	목표						…				
	실적						…				
	달성율						…				
판매비	목표						…				
	실적						…				
	달성율						…				
일반 관리비	목표						…				
	실적						…				
	달성율						…				
영업 이익	목표						…				
	실적						…				
	달성율						…				
경상 이익	목표						…				
	실적						…				
	달성율						…				
당기 순이익	목표						…				
	실적						…				
	달성율						…				

[표 4-14] 매출액 대비 지표별 목표 : 실적관리 Sheet

구분	목표 관리	연간 누계	월 및 분기 목표									
			1	2	3	분기계	…	10	11	12	분기계
고객 만족도 (내부, 외부)	목표						…				
	실적						…				
	달성율						…				
신규고객 유치	목표						…				
	실적						…				
	달성율						…				
제안채택	목표						…				
	실적						…				
	달성율						…				
기타( ) …	수익 실적						…				
	비용 지수	수익이 100일때 비용( )%					…				

[표 4-15] 기타 지표별 목표 : 실적관리 Sheet

업무프로세스 관리

업무프로세스 관리의 필요성

업무프로세스란 제조업·유통업·서비스 업종에 따라 자사의 모든 업무(메인업무와 지원업무)를 업무흐름에 따라 물흐르듯이 정리하여 대분류-중분류-소분류(단위업무)로 구분하여 체계적으로 관리하는 시스템을 말한다. 업무프로세스가 설계되면 이를 바탕으로 전자문서 관리와 업무매뉴얼 관리의 기초 자료로 활용한다.

업무프로세스 관리의 필요성을 살펴보면 다음과 같다.

- 단위업무별 업무흐름의 체계화
- 상호 관련업무 추진과정에서의 협업체계 확립
- 업무수행 과정의 명확화 및 업무누락 예방
- 업무 스피드 제고
- 업무개선과 최적화의 전체 사이클 관리

업무프로세스 설계 시 고려사항

업무프로세스 설계 시에는 다음과 같은 사항들을 고려해야 한다.
- 기업 형태별 · 업종별 특성에 맞는 업무프로세스 설계
  - 공기업 · 사기업 구분설계
  - 제조업 · 유통업 · 서비스업 특성에 맞게 설계
- 관련 업무의 연계
  - 제조업의 경우 마케팅계획 수립 및 영업활동 ↔ 원재료 구매 – 자금결제 ↔ 생산 ↔ 판매 – 판매대금 회수 ↔ 사후관리
- MAIN 업무와 지원 업무 구분
  - MAIN 업무는 업종에 따라 차이
  - 지원 업무(인사 · 재무 등)
- 업무별 대-중-소분류 항목 균형 유지

업무프로세스 설계절차 및 과정

업무프로세스 설계는 업무체계화의 제1단계로써 가장 기본적인 접근 과정이다. 그러나, 많은 기업들이 업무프로세스 설계가 거의 안 되어 있거나 미비한 경우가 많다. 중소기업은 말할 것도 없고, 중견기업 · 대기업 · 공기업의 경우에도 체계적이지 못한 경우가 많다. 어떤 업무가 발생했을 때 그 업무를 처리하는 시스템이

물 흐르듯이 설계되어 있다면 그만큼 신속하게 업무가 진행될 수 있어서 생산성이 높아지고 업무가 누락되거나 부서 간 업무협력이 잘 되지 않아 마찰이 생기거나 지연되는 일을 예방할 수 있을 것이다. 그만큼 경영효율이 경쟁기업에 비해 높아 경쟁력 향상에 도움이 될 것은 자명한 이치가 아닐까? 이런 것이 바로 시스템경영의 효과인 동시에 업무프로세스 설계가 필요한 이유다.

각 기업에서 업무프로세스를 설계하는 절차 및 과정은 [그림 4-6]과 같다.

그림 4-6 업무프로세스 설계 절차 및 과정

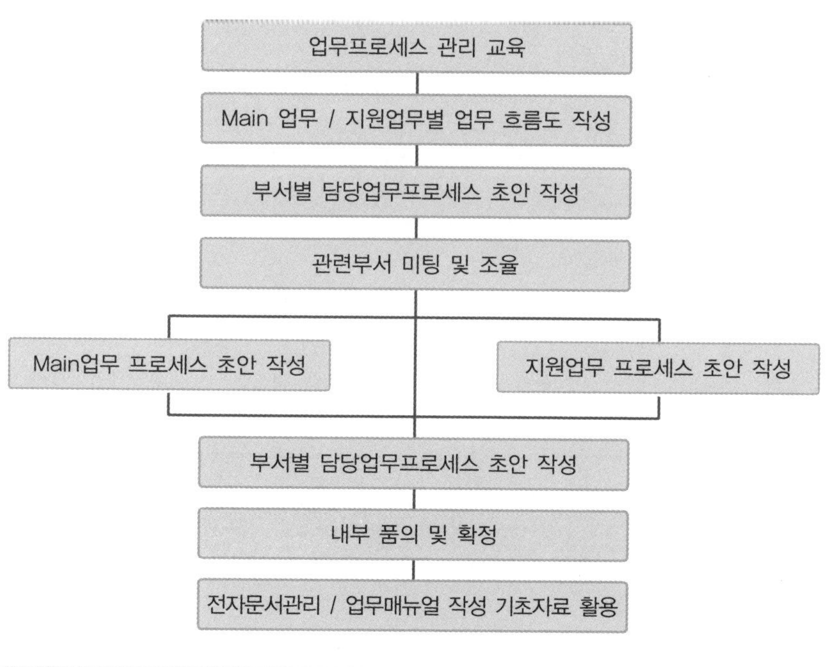

업무 흐름도 작성 사례 (컨설팅 회사 사례)

업무프로세스를 설계하기 위해서는 먼저 업무 흐름도를 작성하는 일이 필요하다.

컨설팅사의 업무 흐름도를 사례로 살펴보면 [그림 4-7]과 같다.

그림 4-7 업무 흐림도 작성 사례 (컨설팅사)

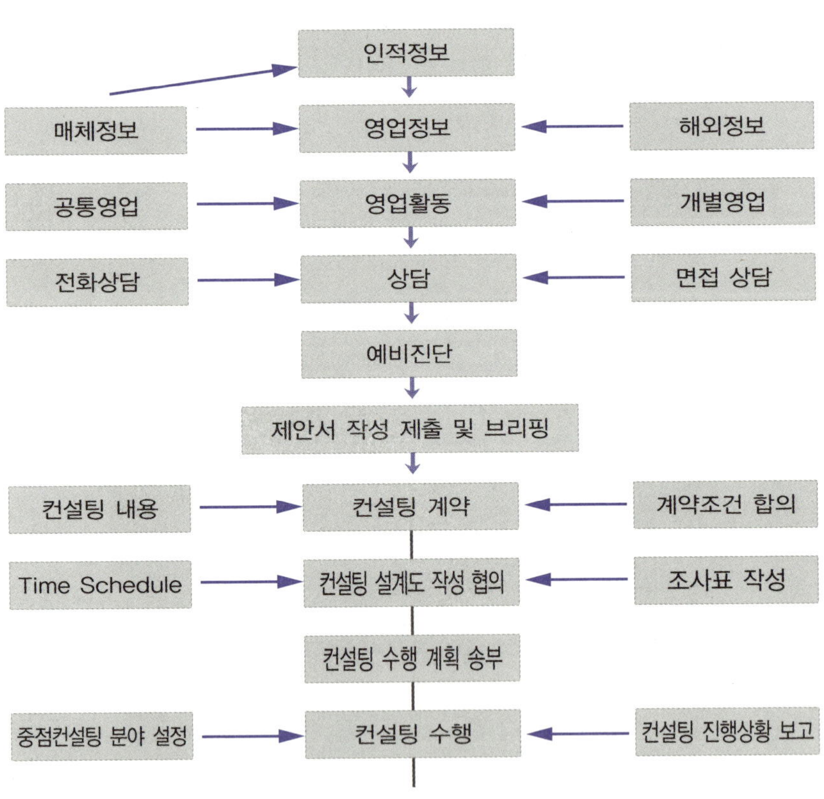

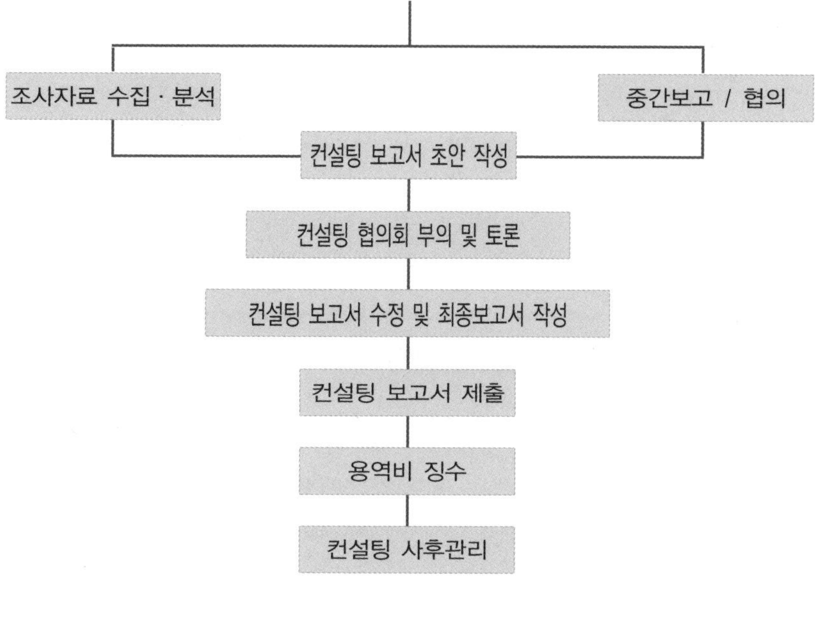

조사자료 수집 · 분석
중간보고 / 협의
컨설팅 보고서 초안 작성
컨설팅 협의회 부의 및 토론
컨설팅 보고서 수정 및 최종보고서 작성
컨설팅 보고서 제출
용역비 징수
컨설팅 사후관리

업무프로세스 설계 사례

업무프로세스 설계사례를 제조업 기준으로 예시하면 [그림 4-8]
과 같다.

그림 4-8 업무프로세스 설계 사례

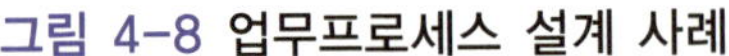

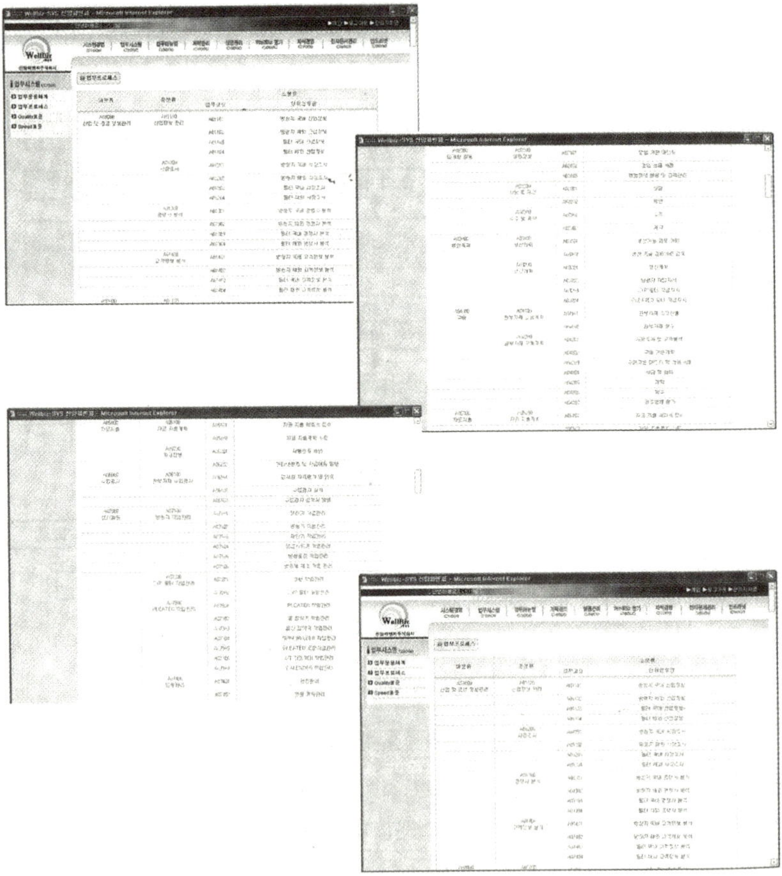

04 업무매뉴얼 운용관리 시스템

업무매뉴얼 작성 원칙

업무매뉴얼은 업무프로세스 설계과정에서 도출된 단위업무별로 업무지침 - 표준sheet - 표준사례를 시스템경영 솔루션에 탑재하여 신입사원 입사, 보직 이동시 업무매뉴얼에 따라 업무를 습득하고 학습할 수 있도록 함으로써 업무의 Quality와 Speed를 향상시키는 시스템경영의 대표적인 기능 중의 하나다.

각 회사에서 업무매뉴얼을 작성할 때 지켜야 할 업무매뉴얼 작성 원칙을 살펴보면 다음과 같다.

- 업무프로세스에 따라 Main 업무와 지원 업무로 구분하여 작성한다.
- 업무 수행 과정에서 표준화가 가능하도록 작성한다.
- 업무 수행 절차는 해당 업무 수행 Quality와 Speed를 고려하여 효율성이 극대화 되도록 작성한다.

- 업무 수행방법 및 요령은 신입사원의 경우에도 업무매뉴얼만 보고 업무 습득 및 실행이 가능하도록 작성한다,
- 업무 수행 시 주의사항은 해당 업무 작성 과정에서 오류가 자주 발생할 수 있는 내용을 중심으로 해당 업무 수행시 고려사항, 주의 사항을 기술한다.
- 표준 Sheet는 해당업무 수행에 필요한 사내에서 활용중인 표준양식 및 Sheet를 빠짐없이 수록한다.
- 표준사례는 전 항의 표준 Sheet별로 가장 모범적으로 작성된 실제 사례를 예시한다.

업무매뉴얼 구성 내용

업무매뉴얼은 업무지침 - 표준 Sheet - 표준 사례로 구성된다.

(1)업무지침

업무 수행의 길잡이로서 업무수행 절차, 업무 수행 방법 및 요령, 업무 수행 시 주의사항들을 기술하며 다음과 같은 내용이 포함된다.

- 관련 법령, 규정 및 근거
- 업무 수행 절차
- 업무 수행 방법 및 요령
- 업무 수행 시 주의사항

(2)표준 Sheet

표준 Sheet에는 해당 업무 수행에 필요한 기본서식(양식)이나 표준 템플릿 등으로 구성된다.

(3)표준 사례

표준 사례에는 해당 업무 수행 과정에서 작성한 가장 우수한 사례를 예시한다. 이런 표준 사례를 예시 받아 업무를 처리하면 신입사원 채용의 경우에는 실무교육 교본으로 바로 활용이 가능하고, 직원 상호간 업무분담 변동이나 인사이동이 있는 경우에도 짧은 시간 안에 업무에 적응할 수 있어 그 만큼 업무효율이 높아질 수밖에 없다.

업무매뉴얼 작성 사례

(1)인사 · 총무업무 사례 : B 03101 채용기준 및 절차 관리

① 업무지침

- 업무 절차

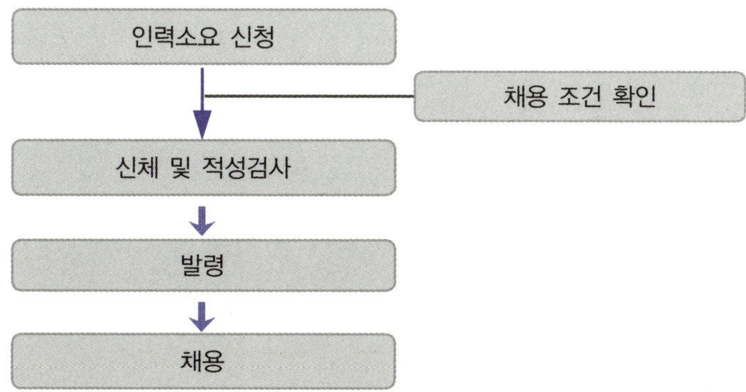

- 업무 방법 : 인력소요가 발생한 팀에서는 인력소요 요청을 주관 부서에 협조 의뢰한다.
- 채용 조건 : 회사가 지정하는 서류를 제출하고 고시 또는 전형을 받아야 하며, 35세 미만의 자를 채용함을 원칙으로 한다. 단, 다음의 경우에는 예외로 한다.
  - 과장급 이상의 사원
  - 특수한 기능을 가진 자
  - 국가 유공자 예우에 관한 법률, 장애인 고용촉진 법률 등 기타 특별법에 의해 채용이 불가피한 자
- 신체 및 적성 검사 : 직원이 될 자는 회사가 실시하는 신체 및 적성검사에 합격해야 한다.
- 발령 : 시험 또는 면접에 통과하고, 신체 및 적성검사에 합격한 자를 최종합격자로 확정한다.
- 채용 : 직원으로서 적격여부를 시험하고 자질을 갖추기 위해 일정기간 수습 및 계약직 채용을 원칙으로 하며, 특별한 기간을 제외하고는 그 기간을 1년으로 한다.
- 유의사항
  - 입사지원서의 기재 내용이 허위임이 판명될 경우, 입사를 취소할 수 있다.
  - 수습이 필요한 경우에는 사전에 조건을 공지하여 추후 오해 소지가 없도록 한다.

② 표준 Sheet

인사발령

직 인 생 략

상호　　　　　　　　　　　　　　　　　　　　**주소**

문 서 번 호　　　　　　　호
시 행 일 자
수　　　신　　수신처 참조
참　　　조

세　　　목

선결			지시	
접수	일 자 시 간		결재공람	
	번 호			
주 관				
담 당 자				

Ｏ　Ｏ　Ｏ　주　식　회　사

사　장　　　Ｏ　Ｏ　Ｏ

수신처 : 전부서

③표준 사례

협 조 전

결 재		담당	총괄담당	이사
		11/25	11/25	11/25

문서분류	인사/교육

작성자	본사 생산기술팀 / 담당 000	작성일자	XX년 11월 25일	보존기한	XX년 11월 25일
제 목	인원충원 협조전				

<table>
<tr><td colspan="5" align="center">협 조 전</td></tr>
<tr><td>문서번호</td><td>생산 06-03</td><td>발송일자</td><td colspan="2">XX. 11. 25</td></tr>
<tr><td>수 신
참 조</td><td>경영지원팀장</td><td>발 신</td><td colspan="2">생산기술팀장</td></tr>
<tr><td>제 목</td><td colspan="4">Pleated 인원충원 협조전</td></tr>
<tr><td colspan="5">

1. 당 부서 업무 협조에 감사드립니다.
2. Calender 설비 입고에 따른 인원 충원을 요청하오니 협조 바랍니다.
3. 설비 설치 완료 예정일 : XX년 12월 15일
4. Pleated 인원현황

현인원	과부족	충원인원	비고
4명	1명	1명	

5. 인원 충원시기 : XX년 12월 15일경

　　끝.

</td></tr>
</table>

(2)기획업무 사례 : B 01201 / 투자계획 지침 수립

①업무지침

- 업무절차

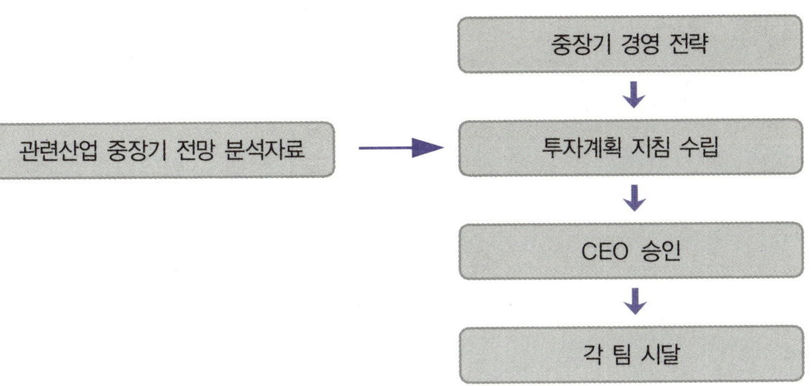

- 업무 방법

  - 주관팀에서는 중장기 경영전략, 관련 산업 중장기 전망분석 자료 및 자사 능력 등을 반영하여 투자계획 지침을 수립한다. 투자계획 지침에는 다음과 같은 내용이 포함되어야 한다.

- 투자 개요

- 환경 분석 - 일반 환경, 시장/경쟁사/자사분석 등

- 사업전략 및 실행계획 - 사업전략, 사업대안, 사업 실행계획 등

- 경제성 분석 - 주요 기본가정, 재무성과 측정 등

- 리스크 대응방안

- 종합 의견

- 추진일정 및 사후 관리 방안

  - 투자계획 지침 수립 : CEO의 승인 후 각 팀에 시달하여 투자계획 수립에 가이드가 될 내용을 작성한다.

- 유의사항

  - 투자계획서 작성 시는 투자계획 지침을 참고하여 작성해야 한다.

②표준 Sheet

투자계획 지침서

목차	지침내용
1. 투자개요	
2. 환경분석 　가. 일반환경 　나. 시장/경쟁사/자사분석	
3. 사업전략 및 실행계획 　가. 사업전략 　나. 전략대안 　다.　사업실행계획	
4. 경제성 분석 　가. 주요 기본가정 　나. 재무성과 측정 　다.　평가 결과	
5. 리스크 대응방안	
6. 종합의견	
7. 추진일정 및 사후관리 방안 　가. 투자 추진일정 　나. 사후관리 방안	
8. 기타	

③표준 사례

투자계획 지침서

목차	지침내용
1. 투자개요	– 투자비, 투자기간, 생산능력, 입지, 투자배경 및 목적, 기대효과 등에 대해 구체적이고 명확하게 기술
2. 환경 분석 　가. 일반 환경 　나. 시장/경쟁사/자사분석	– 시장특성 및 최근 동향 – 향후 3~5개년 수급추이 및 예측 – 내수가 · 수출가 · 국제가들의 과거 추이 및 예측 – 시장의 성장성, 안정성 분석 – 업계동향 및 주요 경쟁사 현황 – 기술 · 품질 · 인력 측면에서의 필요역량, 당사 수준 및 경쟁사 수준
3. 사업전략 및 실행계획 　가. 사업전략 　나. 전략대안 　다.　사업실행계획	– 중장기 사업전략 방향 제시 – 복수의 전략대안 제시 – 입지 · 판매 · 투자 · 원가 · 자금 · 인원/조직 등에 대한 구체적인 사업 실행계획 제시 – 기술 · 품질 · 인력 측면에서의 핵심역량 및 핵심 역량확보 방안을 구체적으로 제시 *투자내용 및 성격에 따라 필요항목을 추가 가능
4. 경제성 분석 　가. 주요 기본 가정 　나. 재무성과 측정 　다.　평가 결과	– 주요가정 산출기준 및 내용 요약 – 연도별 매출 · 이익 · 가동률 · 자금 흐름 등 – 대안별/시나리오별 사업가치 산정 – 전체 사업 가치에 미치는 영향
5. 리스크 대응 방안	– 리스크의 소재 및 크기 – 사업 가치에 미치는 영향 – 리스크 대응방안을 구체적으로 제시
6. 종합의견	– 투자 추진에 대한 의견을 종합적으로 제시
7. 추진일정 및 사후관리 방안 　가. 투자 추진일정 　나. 사후관리 방안	– 검토 단계에서부터 생산 개시까지의 일정을 구체적으로 제시 – 사후관리 방안제시 : 모니터링 대상, 관리 주기 등

(3)영업업무 사례 : A 02103 영업 정보 발굴 및 고객관리

①업무지침

- 업무 절차

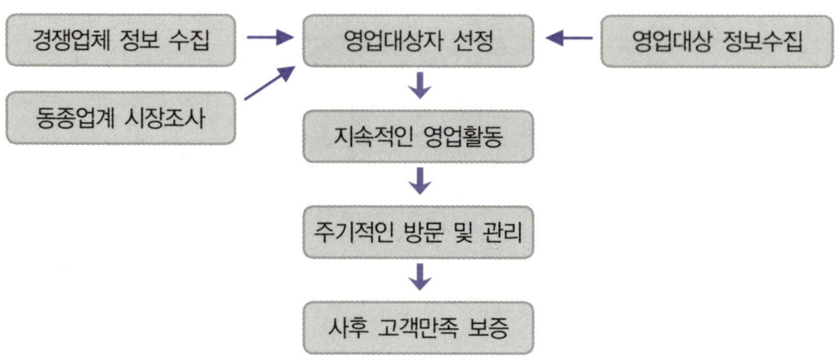

- 업무처리 요령
  - 영업 대상 업체 선정
  - 주변 시황조사
  - 최종 고객 선별
  - 방문영업으로 고객관리
- 업무처리 유의사항
  - 인터넷 등 다양한 매체를 통한 정확한 정보수집
  - 경쟁업체 등 동종업계의 시장동향을 파악할 것
  - 활용 가능한 인원을 통한 세부정보를 수집할 것
  - 무리한 접근으로 인한 부작용 발생을 조심할 것

②표준 Sheet

상담기록부(전화, 면담)

상담일자 : xx년 10월 10일   상담자 : 000

1. 상담업체 개요

업체명 (신설예정 업체명)		성명		직위	
총자산(자본금)		매출액		종업원수	
업종		제품 및 아이템			
주소			TEL FAX		
E-mail			특허관련기술		

2. 상담내용

상담동기	저서, 사보, 강의 , 방송, 추천, 박람회, 인터넷, 신문/잡지, 기타( )
상담내용	

3. 요구 조치사항 및 관리 방향

요구 조치사항	관리방향 및 영업추진계획
※ 상담내용	

③표준 사례

상담기록부(전화, 면담)

상담일자 : xx년 10월 10일   상담자 : 000

1. 상담업체 개요

업체명 (신설예정업체명)	00생명과학	성명	000	직위	실장
총자산(자본금)	10억	매출액	150억	종업원수	32명
업종	제조업	제품 및 아이템	000제조		
주소	00시 00군 00읍 00리 580	TEL FAX	000-000-5151 FAX / 000-000-5199		
E-mail	mss@hanmail.net	특허관련기술			

2. 상담내용

상담동기	저서, 사보, 강의 , 방송, 추천, 박람회, 인터넷, 신문/잡지, 기타( )
상담내용	1. XX제품 구매 상담 2. 내주 방문상담 예정

3. 요구 조치사항 및 관리 방향

요구 조치사항	관리방향 및 영업추진계획
꼭 필요한 기능을 총망라하되, 활용이 용이하도록 개발	1. 경쟁력 있는 최상의 전략적 성과관리 시스템 구축 2. 종합평가 관리가 용이하도록 개발 3. BSC 운용의 효율화에 최대한 기여 4. 철저한 스케줄 관리를 통한 기한 준수

(4)공기업 업무 사례(1) : A 010109 보도자료 제출 사례

①업무지침

- 목적

  - 공단의 행사 및 주요 추진 사업의 홍보

  - 공단의 대외적 인지도 제고 및 이미지 확립

- 주요 업무 내용

  - 주요 사업 추진 및 행사 계획 시 내부방침에 보도자료 첨부

  - 보도자료 수정 및 편집

  - 지방자치단체 해당과에 발송

  - 각 신문사에 보도 자료 내용 게재

- 업무 방법

  - 각 부서 담당자는 주요사업 추진계획 및 행사 등 공단 관련 중요사항에 대해 내부방침을 얻기 위해 보도 자료를 첨부하여 결재를 득한다.

  - 결재를 득한 후 홍보담당자에게 공람지정을 한다.

  - 담당자는 수정 · 보완이 필요한 부분을 편집한 후 지자체 해당과 담당자에게 발송한다.

  - 지자체 해당 과에서 각 신문사 담당자에게 발송한다.

  - 신문에 게재 내용을 확인한다.

- 업무처리 시 유의 사항

  - 게재 희망 일자에 맞춰 미리 발송

• 업무 수행 절차

흐름	업무내용	담당자	결재	양식, 근거 작성문 서명
내부방침시 보도자료 첨부	공단관련 주요사업 추진 및 행사 계획시 내부방침에 보도자료 첨부후 결재를 득함	각 부서 담 당 자		보도자료
보도자료 수정 및 편집	각 부서에서 발송된 보도자료 수정 및 편집	담 당 자		
지자체 해당과에 발송	지자체 해당 과 담 당자에게 발송	담 당 자		
각 신문사로 발송	지자체 해당 과에서 각 신문사로 발송	지 자 체 담 당 자		
신문 게재	각 신문사에서 편집 과정을 거친 후 게재	소 식 지 담 당 자		신문기사

②표준 Sheet

○ ○ 시

<table>
<tr><td rowspan="6" align="center">

보도자료

</td><td>제 공 일 자</td><td colspan="2">○○○○년 ○○월 ○○일</td></tr>
<tr><td>제 공 부 서</td><td colspan="2">○○○시설관리공단</td></tr>
<tr><td>이 사 장</td><td></td><td>☎</td></tr>
<tr><td>관 리 이 사</td><td></td><td>☎</td></tr>
<tr><td>담 당 자</td><td></td><td>☎</td></tr>
<tr><td>◼총 ○○쪽</td><td colspan="2"></td></tr>
</table>

제목 :

③표준 Sheet 작성 사례

<h1 style="text-align:center">ㅇ ㅇ 시</h1>

보도자료	제 공 일 자	0000년 00월 00일
	제 공 부 서	000시설관리공단
	이 사 장	☎
	관 리 이 사	☎
	담 당 자	☎
		■총 1쪽

제목 : 0000공영주차장 고성능 주차관제시설 도입 운영

○ 000시설관리공단은 0000공영주차장(000동 0000장 인접 소재)의 노후화된 주차 시설로 인한 고객 불편을 해소하고, 보다 효율적인 주차장 운영을 도모함은 물론 고성능 주차시설 도입으로 고객 재산과 공영시설을 보호하고자 0000. 00. 0(화) 0000공영주차장 주차관제시설을 전면 교체하여 운영한다.

○ 특히 이번 공영주차장 고성능 주차관제시설 도입은 시민의 보다 나은 시설 이용을 위하여 교체된 것으로, 고객 재산 보호를 위한 CCTV 전면 교체는 물론 도심 속 친환경 시설 조성을 위한 주차장내 환경 개선 공사와 함께 시행한 고객 서비스이다.

○ 0000공영주차장은 XX년 00시청이 000내 주차문제를 해소하고 도심 속 교통질서를 개선, 유지하기 위하여 설립한 주차 전용시설로, 현재는 000시설관리공단이 위탁받아 운영 중이며 소형차부터 대형차까지 수용가능하고 주차 전용 시설로는 비교적 저렴한 가격으로 이용할 수 있다.

○ 뿐만 아니라 지자체관리조례의 제반 규정에 따라 차고지 증명이 필요한 일부 영업용 차량을 대상으로 차고지 공동사용계약서 발행 서비스도 시행중이다.

○ 다만, 0000공영주차장은 정해진 주차 구획 수에 따라 일부 고객의 주차장 이용이 제한될 수 있으며 이와 관련된 주차장 이용문의는 000시설관리공단 주차사업팀(☎000-0000) 또는 0000공영주차장 관리사무소(☎000-0000_)로 하면 자세한 안내를 받을 수 있다.

(5)공기업 업무 사례(2) : A 010110 지방자치단체 소식지 게재

①업무지침

- 목적

  - 00 시민에게 각 사업장의 프로그램 홍보

- 업무 수행 절차

흐름	업무내용	담당자	결재	양식, 근거 작성문 서명
변경프로그램 파악	각 사업장별로 신설·폐강 등 변경된 프로그램을 파악	사업장 담당자		
소식지 내용 작성	통일된 양식으로 각 사업장의 프로그램 작성	담당자		
결재후 발송	결재를 득한 후 00시 기획공보과로 발송	담당자		
소식지 게재	00시 공보과에서 편집을 거친 후 00시 소식지에 게재	시청 담당자		00시 소식지

• 주요 업무 내용

 - 각 사업장의 신설 · 폐강 등 변경 프로그램 파악

 - 통일된 양식으로 소식지 내용 작성

 - 00시 공보과 발송

 - 00시 소식지 게재로 각 사업장 프로그램 홍보

• 업무 방법

 - 각 사업장별로 신설 및 변경된 프로그램을 파악하여 작성한 후
   공단 담당자에게로 발송한다.

 - 결재를 득한 후 00시 공보과 담당자에게 발송한다.

 - 00시 공보과에서 편집을 한 후 00시 소식지에 게재한다.

 - 매월 25일 00시 소식지 발행으로 공단 프로그램을 홍보한다.

• 유의사항

 - 00시청 공보과에 매월 10일까지 결재를 얻은 후 발송한다.

 - 방학 특강 등 특별 프로그램이 신설될 경우 특강 프로그램 위
   주로 작성한다.

 - 주요 프로그램 및 중요사항은 색을 넣어 강조한다.

② 표준 Sheet

체육 & 문화시설 이용 안내

시설명		운영 프로그램
문화체육관		
기존회원 재등록 00일 – 00일		
신규 회원 매월 ○○일부터 선착순 접수 (☎000–0000) 00동 0–마트 앞		
00 시민회관 기꼰 00~00일, 신규 00일부터 선착순 접수 (☎000–0000/00B/D앞)		
00 체육센터 기존회원 재등록 00일~00일 신규 회원 00일부터 선착순 접수 (☎000–0000/00동)		
00 생활관 기존회원 재등록 00일~00일 신규 회원 00일부터 선착순 접수 (☎000–0000/00동 00B/D1층)		
골프연습장 (☎000–0000/00동 000번지)		

- 주차장 이용안내
  ⋮
- 문의사항 : ☎000–0000

③표준 사례

체육 & 문화시설 이용 안내

시설명		운영 프로그램
문화체육관 기존회원 재등록 00일 – 00일 신규 회원 매월 ○○일부터 선착순 접수 (☎000-0000) 00동 0-마트 앞	성인 스포츠 강좌	직장인 수영교실, 어머니 수영교실, 수영마스터즈반, 아쿠아로빅, 배드민턴, 검도교실, 직장인 요가, 산모요가, 공요가, 탁구교실, 인라인스케이트, 에어로빅, 재저사이저, 스포츠댄스, 벨리댄스, 재즈댄스, 나이트댄스, 헬스, 골프School, 필라테스
	어린이 체육 강좌	자모수영교실, 유아수영교실, 어린이수영교실, 농구교실, 인라인스케이트, 어린이 방송 댄스, 유아발레, 초등발레, 신나는 어린이 재즈댄스, 키가 쑥 유아체조(롱다리댄스)
	12월 신설예정 프로그램	바이올린, 플룻, Joyful미술놀이(유아), Fine art 미술교실(초등), 어린이 중국어회화, 신나는 동요교실(유아), 즐거운 동요교실(초등), 달크로즈 뮤직 *정원의 40% 미만은 폐강될 수 있음
	수영 겨울방학 특강	특강기간 : 2013년 12월 30일 ~ 2014년 1월 29일 접수기간 : 12월 20일 08시부터 선착순 접수 대상 : 초등학교 1학년 ~ 6학년 수영기초자
구민회관 기존 20~26일, 신규 27일~ 말일 선착순 접수 (단, 000 주부가요교실 분기접수 가능) (☎000-0000/00B/D앞)		노래교실(손영수, 조윤희), 영어회화, 가곡교실, 도예, 프레스플라워, 서예, 에어로빅, 풍물교실, 한국무용, 생활요가, 라틴&나이트댄스, 경기민요, 남도민요, 유화, 데생, 메이크업&패션코디, 예절, 기타(guitar), 스포츠댄스(부부) *대관 : 대강당, 소회의실(예식장), 전시실
00 체육센터 기존 20~26일, 신규 27~말일 선착순 접수 (☎000-0000/00동)		인라인스케이트, 배드민턴, 댄스스포츠, 나이트댄스, 어린이 방송 댄스, 재저사이저, 어린이발레, 공요가체조, 종이접기, 칼라점토, 글쓰기, 독서지도자과정, 민요, 점프셉키즈, 노래교실
00 생활관 기존 20~26일, 신규 27~말일 선착순 접수 (☎000-0000/00동 00B/D1층)		벨리댄스, 엄마와 함께 하는 뮤직가튼, 에어로빅, 요가, 재즈댄스, 레고닥터, 어린이발레, 뮤지컬잉글리쉬, 구연동화, 노래교실, 웰빙필라테스, 차밍디스코, 스포츠댄스, 한국무용, 무브&요가, 민요, 종이접기, 라틴살사
골프연습장 (☎000-0000/00동 000번지) 월 정기 및 쿠폰이용가능 *이용고객에 한해 하루 3시간 무료 주차		성인골프교실, 꿈나무 골프교실, 나눔골프교실, 월 정기 및 쿠폰 이용가능 (운영시간 : 평일 06:00~22:30 　　　　　　 주말·공휴일 06:00~21:00)

✱상기 내용은 사정에 의해 변경될 수 있습니다.
• 000주차장 월정기권 신청 안내
　신청일시 : 0000. 00. 00(금) 09:00 선착순 접수
　신청방법 : 공단 홈페이지 (www.0000.00.00)로 접속
　이용방법 : 1회 신청(3개월 사용)
　유의사항 : 주차장 특성상 빈 구획 발생 확률이 높음.
　빈 구획 발생시 대기자 순번으로 자동배정.
　주차사업팀 문의사항 : ☎000-0000

234

05 지식경영관리 시스템

지식경영의 개념

지식경영이란 조직 내 임직원들이 축적하고 있는 개별 지식을 체계화 및 공유하여 기업경쟁력을 향상시키기 위한 기업정보관리 시스템을 말한다.

또한 기업의 경영환경이 물품을 주로 생산하던 산업사회에서 지적재산권의 중요성이 커지는 지식사회로 급격히 이동함에 따라 기업경영을 지식이라는 관점에서 새롭게 조명하는 접근 방법도 지식경영이라 할 수 있다.

(1)지식경영의 태동(기원)

지식경영시스템KMS : Knowledge Management Systems은 원래 미국 카네기 멜론대학의 연구결과로 태동했으며, 날리지 시스템즈

Knowledge Systems에서 개발한 워크스테이션용 상용시스템의 이름에서 기인하고 있다.

(2)지식경영의 필요성

기업에서 업무수행 주체인 임직원이 떠나면 그가 갖고 있던 지식자원도 함께 떠나가 기업의 지적자원이 소실된다. 따라서 기업은 임직원이 개별적으로 보유하고 있는 비정형 데이터인 지적 자산을 기업 창고에 저장·관리 및 활용함으로써 무형자산의 유형자산화가 가능해 진다.

지식경영에 대한 기본 마인드

지식은 기업의 필수적인 자산이다. 따라서 지식경영이란 기업이 보유하고 있는 정보를 파악하기 위한 컴퓨터 시스템과 정보기술을 기반으로 한 인프라의 구축 및 지식 공유를 다양한 응용기법으로 개발하여 활용함으로써 기업의 정보자산 효율을 극대화하는 기업 정보시스템이다.

지식경영은 다음과 같은 기능을 갖고 있다.
- 경영정보와 사람에 대한 투자
- 지식은 기업의 필수적인 자산

- 컴퓨터 시스템과 정보기술을 기반으로 한 인프라의 구축
- 지식공유를 통한 시너지 극대화
- 지식의 창조와 개발을 위한 임직원에 대한 재교육 투자

지식경영 성공 원칙

(1)지식을 제시하는 지도

지식경영은 하나의 실질적인 경영기법을 소개해 주는 것이므로 모든 기업에 적용되는 보편적인 시스템 모델을 추진하기란 매우 어렵다. 그러므로 기업 내에서 모든 임원이나 종업원들이 보다 쉽게 지식경영에 접근할 수 있도록 다양하고 깊이 있는 프로그램을 만들어 제공하는 것이 중요하다.

(2)Advantage 부여와 보상

조직 내에 존재하고 있는 특정 지식을 하나의 공통된 시스템으로 창출하기 위해서는 해당 종업원들의 동의가 필수적이며, 동기부여와 유인책이 중요하다. 결국 지식을 제공하는 사람에게 높은 advantage 를 부여하거나 보상을 해주는 것이 지식경영 성공의 관건이다.

(3)지식경영 창고지기 선임

지식경영 성공을 위해서는 경영지식의 생산 · 분류 · 사용의 효율

성 증대 등 지식경영을 담당할 책임자, 즉 지식경영의 창고지기가
꼭 필요하다.

(4)영향력 있는 리더들의 동의가 필수

통찰력을 보유한 지식경영 관리자라면 영향력 있는 리더들에게
지식경영에 대한 필요성을 충분히 알리고 동의와 협조를 이끌어
낼 수 있어야 한다.

(5)성공적 지식관리 시스템 구축

회사는 핵심정보 등을 보유하고 있는 임직원에 대해 별도의 보
호와 관리가 필요하며, 성공적으로 운영될 수 있는 지식관리 시스
템 구축이 필요하다.

(6)정보의 중개자 · 조정자로서의 중간관리자의 역할이 중요

지식경영 성공을 위해서는 중간관리자에 대한 중요성을 인식해
야 한다. 중간관리자는 경영진과 직원 사이에서 중개자 또는 조정
자 역할을 훌륭하게 해낼 수 있기 때문이다.

(7)지식경영에 마지막이란 없다

지식은 흐르는 물처럼 항상 변화한다. 기업은 전략이나 조직구
조를 항상 환경변화에 발맞추어 바꾸어 나가야 한다. 따라서 지식
경영에서 마지막이란 말은 없다.

M전략시스템 / 시스템경영진흥원의 시스템경영혁신 솔루션 SMI

M전략시스템/시스템경영진흥원의 시스템경영혁신 솔루션인 WellBiz-sys의 운영사례를 예시하면 아래 [그림 4-9]와 같다.

그림 4-9 시스템경영혁신 솔루션 WellBiz-sys

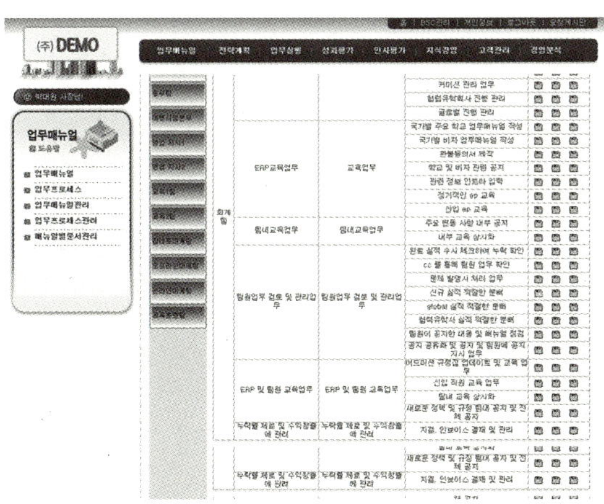

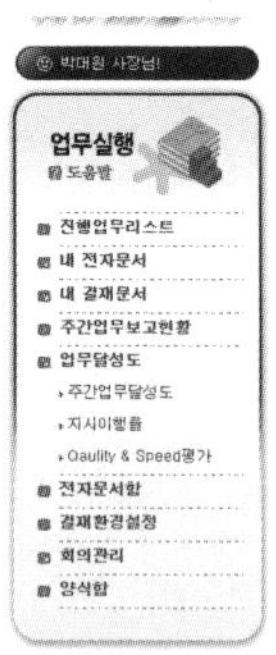

주간업무 달성도

선택 : 2013-하반기 / 회계팀   * 승인건수/주간업무건수(점수)   프린트 엑셀다운 성과실적용다운

No	부서명	이름	7월	8월	9월	10월	11월	12월	웹점
1	회계팀	김혜라	0/4 (0.00)	0/5 (0.00)	0/4 (0.00)	0/4 (0.00)	0/5 (0.00)	0/4 (0.00)	0.00
2	회계팀	박대원	0/4 (0.00)	1/5 (0.00)	0/4 (0.00)	0/4 (0.00)	0/5 (0.00)	0/4 (0.00)	0.00

240

이랜드의 지식경영 사례

　이랜드는 IMF 이후 급격한 생산성 하락 및 경영위기를 맞이했고, 이후 지식경영과 BSC를 도입하는 등 경영혁신으로 위기를 극복해 낸 좋은 사례다.　이런 위기를 기회로 활용하여 지금은 유통의 강자로 성장 발전하고 있다.　위기를 기회로 바꾼 이랜드의 위기극복 및 경영혁신 성공사례를 살펴보도록 하겠다.

그림 4-10 이랜드의 성장과 위기

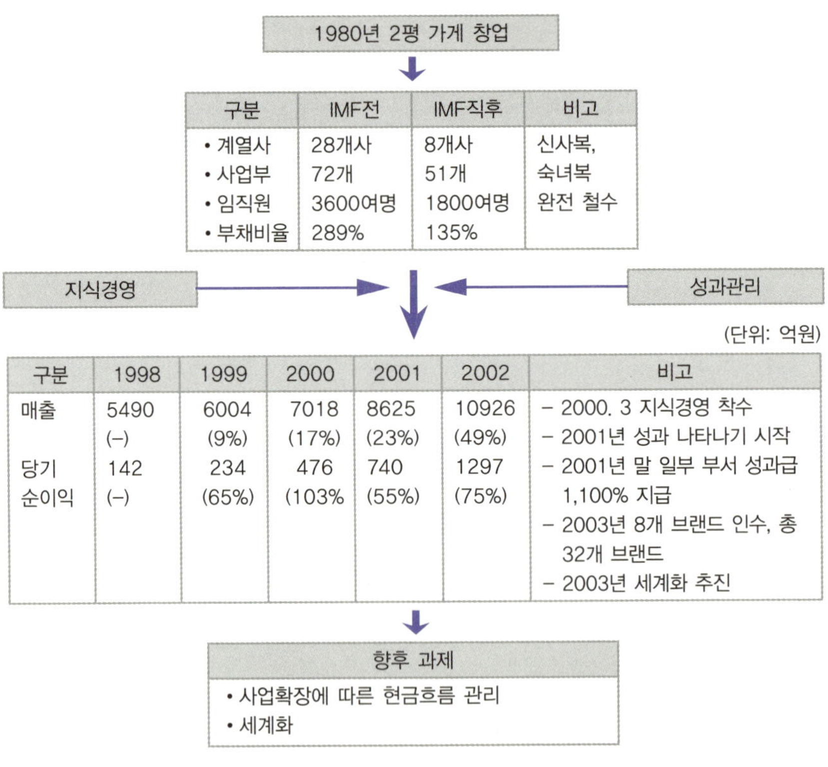

구분	IMF전	IMF직후	비고
• 계열사	28개사	8개사	신사복,
• 사업부	72개	51개	숙녀복
• 임직원	3600여명	1800여명	완전 철수
• 부채비율	289%	135%	

구분	1998	1999	2000	2001	2002	비고
매출	5490 (−)	6004 (9%)	7018 (17%)	8625 (23%)	10926 (49%)	− 2000. 3 지식경영 착수 − 2001년 성과 나타나기 시작
당기 순이익	142 (−)	234 (65%)	476 (103%)	740 (55%)	1297 (75%)	− 2001년 말 일부 부서 성과급 　1,100% 지급 − 2003년 8개 브랜드 인수, 총 　32개 브랜드 − 2003년 세계화 추진

향후 과제
- 사업확장에 따른 현금흐름 관리
- 세계화

(1)도입 배경

이랜드가 성장 동력으로 지식경영과 BSC를 도입하게 된 배경은
다음과 같이 세 가지로 요약할 수 있다.

　-IMF 후 급격한 생산성 하락 및 경영 위기

　-올바른 의사결정을 위한 객관적 측정 인프라 필요

　-직원 성과 결과에 대한 공지 및 피드백 기회 부여

(2)구축 과정

이랜드의 지식경영과 BSC의 구축 과정을 그림으로 살펴보면 [그
림 4-11]과 같다.

그림 4-11 이랜드의 지식경영과 BSC 구축 과정

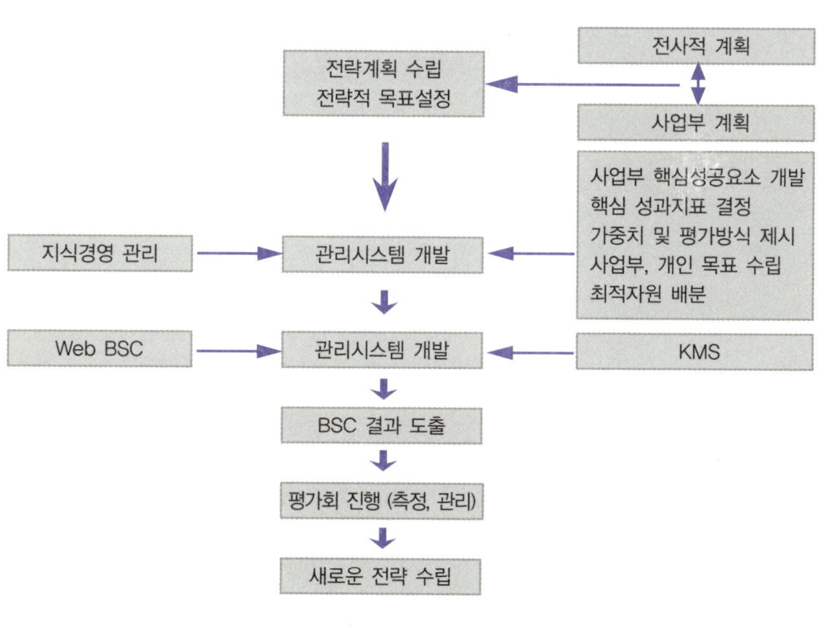

(3)지식경영과 BSC 효과

  이랜드가 지식경영과 BSC의 도입 후 달라진 효과를 정리하면 다음과 같다.

- 경영관리 프로세스의 향상
  - 변화관리 도구
  - 사업계획 · 재무계획 · 예산관리 시스템 체계화
- 직원들의 의식과 행동의 변화
  - 직원들의 성과지향적인 태도 변화
  - 측정지표에 의한 결과 피드백
  - 직무에 대해 명확한 책임 소재 파악
- 시스템적 사고
  - 직원의 시스템적 마인드 제고
  - 업무프로세스의 질적 변화
  - 이랜드의 매니지먼트 역량과 지식수준 향상
- 무형자산에 대한 인식 강화
  - 선행적인 미래역량 강화
  - 지식 자산표 생산
- 지식경영의 파급 효과
  - 직원들의 창의력을 바탕으로 한 지식경영 성공사례 발굴
  - 성공사례의 전사적 확산

케이티스 (구.한국인포서비스)의 지식경영 사례

케이티스 (구.한국인포서비스)는 회사 내 인적 자원인 직원의 처우 개선과 업무에 대한 동기부여, 그리고 기존 114 전화번호 안내 사업을 기반으로 새로운 수익원 개발을 통해 지식경영을 성공적으로 이루어냈다.

(1)내부 고객만족

케이티스는 사무공간 정비를 통한 쾌적한 환경조성, 중간 관리자의 말단 직원에 대한 일방적 명령 통제를 통한 직원 처우개선과 각종 인센티브제 도입, 장기 근속자에 대힌 비진 제시 등 입무에 내한 동기 부여를 통해 기업의 인적자원인 직원을 만족시키고 업무효율을 극대화시킴으로써 기업경쟁력을 향상 시켰다. 케이티스 (구.한국인포서비스)의 내부 고객만족을 통한 기업경쟁력 향상 과정을 그림으로 살펴보면 [그림 4-12]와 같다.

CEO는 직원 서포터

안내원이 핵심 (1일 / 120만 명 안내)

- 사무 관리의 정비 : 쾌적한 환경조성
- 중간관리자의 말단직원 일방 명령 통제
- 각종 인센티브제를 통한 동기부여
- 개인에 대한 직무 장기 비전 제시

- 전화완료 응대율 (2001년) 86% → 95%로 증가
- 전화상담 고객 만족도 평가 점수 80점대에서 93점으로 증가
- 이직률 감소

2001년 KT 분사 당시 1500억 누적 적자

→ 분사 후 4년 연속 흑자

(2)현실 승부와 수익원 개발

케이티스는 새로운 수익원 개발을 위해 기업의 강점인 기존 114 번호 안내사업의 인지도를 활용하여 114 비서서비스, 나이스114, 콜센터 아웃소싱 등의 신사업을 개발하여 수익구조를 개선했다. 기존 사업을 기반으로 수익구조를 개선한 것을 그림으로 살펴보면 [그림 4-13]과 같다.

그림 4-13 기존 사업 기반에서 수익 구조개선

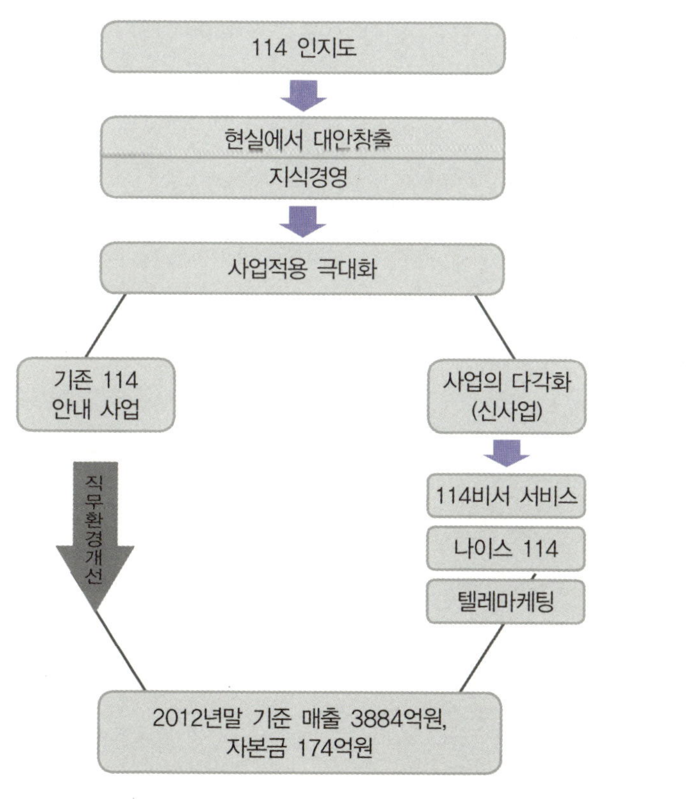

(3)수직 및 수평경영의 병행

 케이티스는 수직적인 상부와 하부의 경직된 체계를 통제하여 하부 직원에 대한 인격적 존중과 자신감 증대, 업무에 대한 동기부여에 중점을 두었다. 또한 수평 경영을 통한 부서간 이기주의와 충돌을 차단시켰다.

- 수직경영
    - 상부의 하부에 대한 인격적 존중
    - 상부의 동기부여를 통한 하부조직의 자신감 증대
    - 계약직 직원에 대한 업무 동기부여
- 수평경영
    - 상호 책임분담을 통한 부서 이기주의 근절
    - 부서간의 충돌에 대한 근본적 차단

06 전자문서 및 그룹웨어 관리 시스템

전자문서 관리와 전자문서 관리 시스템

전자문서란 컴퓨터 등 정보처리 장치에 의하여 전자적 형태로 작성, 송수신 또는 저장된 문서를 말한다. 따라서 전자문서 관리 시스템은 다음과 같이 정의할 수 있다.

- 컴퓨터 프로그램과 저장장치를 이용하여 기업 내의 갖가지 종류의 문서들을 관리하는 시스템
- 사내에 흩어져 있는 각종 문서와 정보를 전자화해서 체계적으로 관리하는 시스템

(1)전자문서 관리 시스템EDMS의 기능

전자문서 관리 시스템은 다음과 같은 기능을 제공한다.

- 문서 작성
- 종이문서의 전자문서 변환
- 전자문서의 저장 · 편집 · 출력
- 텍스트 · 이미지 · 비디오 · 오디오 형태의 문서관리
- 다중 데이터베이스에 대한 통일된 시각 제공

(2)전자문서 관리 시스템의 장점

전자문서 관리 시스템의 장점을 살펴보면 다음과 같다.

- 종이문서의 탈피
- 서류함 불필요
- 사무 공간 활용도 제고
- 신속한 업무처리
  - 신속한 문서 검색
  - 결재 대기시간 불필요
  - 시공을 초월한 결재 (해외 및 지방 출장시 언제, 어디서든 결재 가능)
- 비용절감
- 효율적 업무처리

(3)전자문서의 효력 및 기밀 보호

정보통신망 및 컴퓨터를 이용하여 생산 및 처리한 전자문서도 서류문서와 동일한 효력을 유지한다. 따라서 전자문서는 다음 사항을 고려하여 각별히 보안에 신경을 써야 한다.

- 전자문서의 도달 시기
  - 수신자의 수신 장치에 기록된 시점
- 전자문서의 공개 제한
  - 전자문서의 공개 범위에 대한 제한
  - 공개 시 대장 기록
- 기밀 등의 보호
  - 개인정보에 대한 보호 강구
  - 비밀 또는 대외비로 분류된 자료에 대한 특별관리

(4)전자문서의 표준화 및 보존관리

전자문서 제도를 정착시키고, 효율적으로 운영하기 위해서는 다음 사항들에 대한 내부 기준이 설정되어야 한다.

- 행정사무의 표준화
  - 행정서식 표준화
  - 문서코드 등에 대한 표준화
- 전자문서 보존 관리

- 보존상태 수시 점검

- 전자문서의 보존 · 폐기 시점

- 디스크 자료의 주기적인 백업 실시

- 중요 전산자료는 자료실 외에 분산 보존

- 전자문서의 내용에 대한 분쟁 시 우선순위 기준 설정

• 전자문서의 삭제 및 폐기

- 사용하지 않은 미디어 자료의 삭제

- 문서보존 기한 이후 폐기

전자문서 관리 시스템 운용 사례

전자문서 관리 시스템의 운용 사례를 예시하면 아래의 [그림 4-14]와 같다.

그림 4-14 전자문서 관리 시스템 운용 사례

지적재산권

수신문서

전자문서함

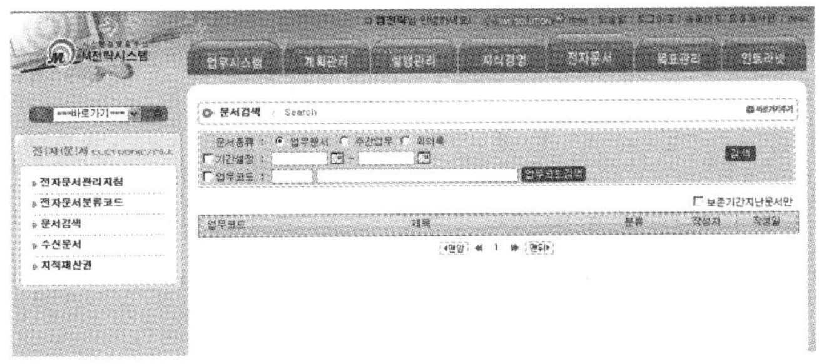

문서검색

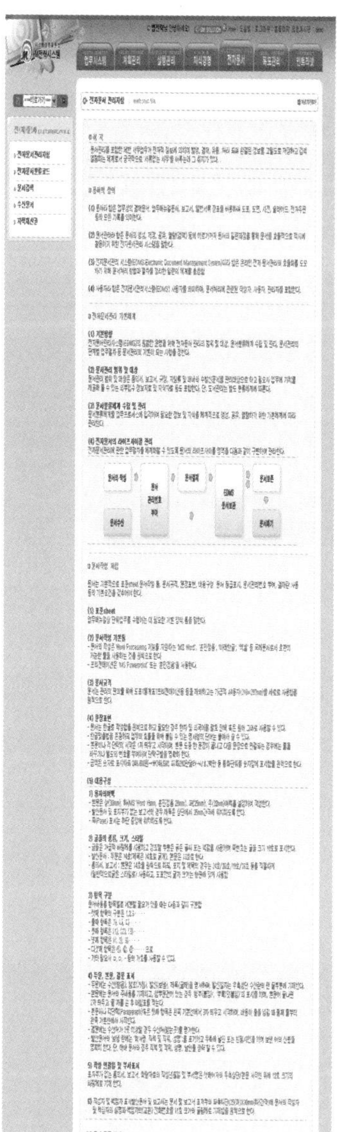

전자문서 관리지침

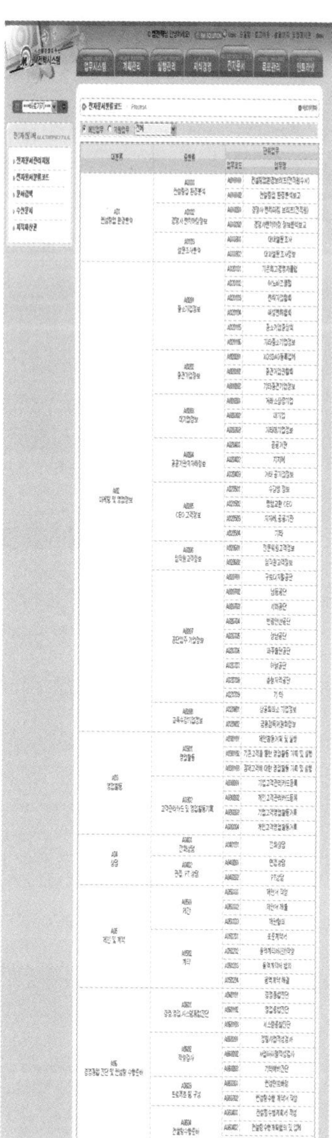

전자문서 분류코드

인트라넷 관리 시스템

인트라넷

인트라넷은 1996년 야후가 개발한 개인화 서비스인 my yahoo가 시초이며, 기업 활동에 필요한 모든 자원을 통합하여 관리·분석하고 제공하는 시스템을 말한다. 기업의 내적·외적 자원은 물론 사용자간 협업체계·커뮤니케이션·제안·온라인을 통한 거래 등이 인트라넷을 통해 한꺼번에 제공된다. 인트라넷은 그룹웨어 형태로도 제공되고 있다.

(1)인트라넷의 장점
인트라넷의 장점을 살펴보면 다음과 같다.

- 기업의 자원을 효과적으로 관리

- 조직 역량 강화

- 정보공유

- 비용 및 시간 절약

- 기업의 생산성 향상

인트라넷 관리 시스템 운용 사례

인트라넷 관리 시스템의 운용 사례를 예시하면 아래의 [그림 4-15]와 같다.

그림 4-15 인트라넷 관리 시스템 운용 사례

일정관리

256

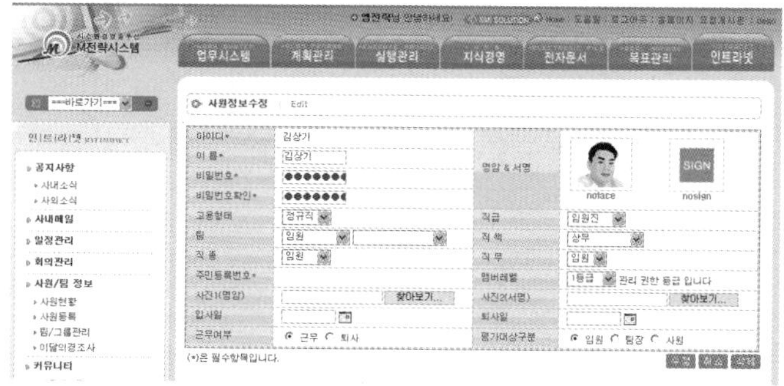

직원정보

사내메일

회의관리

공지사항

내 정보관리

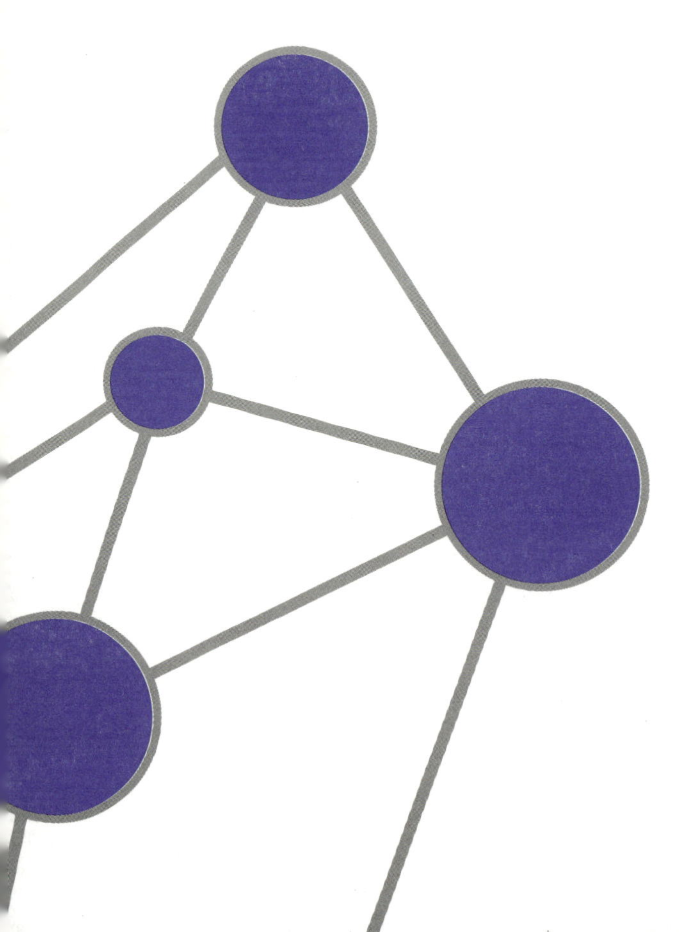

Chapter

05

BSC &
종합성과관리 시스템

BSC 개요

BSC 개념

　BSC란 Balanced Score Card의 약자로 균형성과관리 시스템을 말한다. 흔히 전략적 성과관리 시스템이라고도 한다. 여기서 균형이라 함은 MBO(목표관리)와 비교 개념으로 MBO가 재무적 관점에서 주로 계수적 목표관리에 초점을 두고 목표 대비 실적을 관리하는 시스템이라면, BSC 성과관리 시스템은 재무 관점뿐만 아니라 고객 관점, 내부 프로세스 관점, 그리고 학습 성장 관점 등 경영 전반에 걸쳐 균형잡힌 성과관리 지표들에 의해 성과를 관리한다는 의미에서 붙여진 이름이다.

평가시스템으로서의 BSC와 다른 평가시스템과의 상관관계

평가시스템으로서의 BSC와 다른 평가시스템의 상호관계를 살펴보자.

(1)근무평정 제도

전통적인 인사평가 시스템으로서 많은 기업에서 채택하고 있는 인사평가 제도가 인사고과다. 인사고과는 통상 승진·승급 등 인사관리 목적에서 활용되고 있는 제도이지만 많은 문제점을 내포하고 있는 제도다. 대표적인 문제점을 지적하면 다음과 같다.

첫째, 3개월 내지 6개월 단위로 시행하면서 그 기간 동안의 업무 실적을 1~2매 정도의 업무실적 기록을 가지고 평가하기 때문에 평가 데이터가 절대적으로 부족하고 객관성이 결여될 수밖에 없다.

둘째, 고과자와 가까이서 근무하는 직원에게는 유리하지만 외각에서 근무하는 직원들의 경우에는 불리한 평가를 받을 가능성이 높다.

셋째, 우리 국민의 정서상 인정에 사로잡힌 평가가 이루어져 실력이나 성과보다는 승진을 눈앞에 둔 직원을 우대하는 일종의 돌림빵 평가가 되는 경우가 많은 것이 사실이다.

넷째, 객관성이 결여됨으로써 평가결과에 승복하지 않고 결국은 근무평정 자체를 불신하는 결과를 가져오게 된 것이다. 따라서 인사고과는 다른 제도의 보완 없이는 공정한 평가를 할 수 없는 70~80년대의 평가 방법으로 전락하고 만 것이다. 아직도 근무평정만으로 인사평가를 하고 있는 기업이라면 인사가 만사라는 인사 원리에 합치한 객관적이고 합리적인 인사 및 성과평가 제도의 도입이 시급한 과제라 아니 할 수 없다.

(2)MBO(목표관리)

MBO(목표관리)는 이미 살펴본 바와같이 주로 재무적 관점에서 계수적인 목표 대비 실적으로 성과를 관리하는 제도다. 그러나 기업경영은 계수적인 부분보다 오히려 비계수적인 부분이 많을 수도 있다.

따라서 MBO만으로는 성과관리를 전반석으로 정확하게 할 수 없는 한계가 있기 때문에 MBO뿐만 아니라 균형성과관리 시스템인 BSC 도입이 필요한 이유가 여기에 있다.

(3)BSC는 만능인가?

BSC가 재무 관점뿐만 아니라 고객관점, 내부 프로세스 관점, 그리고 학습 및 성장관점 등 균형성과 관점들을 모두 망라했다 하더라도 어떤 제도든지 완벽한 제도란 존재하지 않는다. BSC에도 결함은 있다. 바로 성과 지상주의만이 평가의 전부는 아니라는 점이다. 인간미는 빵점인 데 성과만 좋다고 승진도 시켜주고 성과급도 많이 준다면 여기에도 불만은 있을 것이다. 이를 보완하는 제도가 바로 다면평가 시스템이다.

(4) BSC 보완제 다면평가 시스템

BSC가 세계적으로 지금까지 나와 있는 가장 훌륭한 성과평가 시스템임에는 재론의 여지가 없다. 다만 여기에 역량평가와 다면평가 시스템을 가미한다면 현재까지 나와 있는 이 세상에서 가장 완벽하고 객관적인 종합평가시스템이 될 수 있을 것이다.

다면평가는 말 그대로 과거에 상사가 부하를 평가하던 시스템에서 부하도 상사를 평가하고 동료 상호 간에도 평가함으로써 성과지상주의 관점에서 벗어나 상호 협업체계를 강화하고 인간적인 면을 강조한 상하-좌우 360도 평가 시스템이라 말할 수 있는 것이다.

(5) M전략시스템 / 시스템경영진흥원이 개발한 완벽한 종합성과 관리시스템

M전략시스템 / 시스템경영진흥원은 이와 같이 부분 평가제도의 단점을 보완한 종합성과관리 시스템, 즉 과거 전통적인 근무평정, MBO(목표관리), BSC 균형성과관리, 그리고 다면평가까지 어우르는 지금까지 나와 있는 평가 제도를 집대성한 그야말로 완벽한 종합성과관리 시스템이다. 각 회사는 종합성과관리 시스템을 도입함에 있어 자사 사정을 고려하여 이들 평가제도를 하나하나 순차적으로 도입하는 방법, 완벽한 종합성과관리 시스템을 일시에 도입하는 방법, M전략시스템 / 시스템경영진흥원에 자사 종합성과평가를 일괄적으로 아웃소싱 하는 방법, 그리고 기타 전문 컨설팅회사의 컨설팅을 받아 구축하는 방법 중 택일하여 도입할 수 있을 것이다.

BSC 도입의 필요성

BSC를 도입해야 하는 필요성은 다음과 같다.

- 전략경영 및 전략 달성의 촉진
- 책임경영의 실현
- 경영혁신 및 조직변화 촉진
- 성과중심적 경영
- 내부 경영시스템 구축

BSC 구성 요소

BSC의 구성은 비전 및 사명을 정점으로 하여 자사 비전과 사명에 부합한 4대 관점별 핵심전략과 핵심전략별 추구목표, 그리고 핵심전략과 목표에 맞는 성과지표로 구성된다. 물론 성과지표는 전사지표와 부서지표, 그리고 개인지표로 나누어진다.

BSC 구성 요소를 그림으로 살펴보면 [그림 5-1]과 같다.

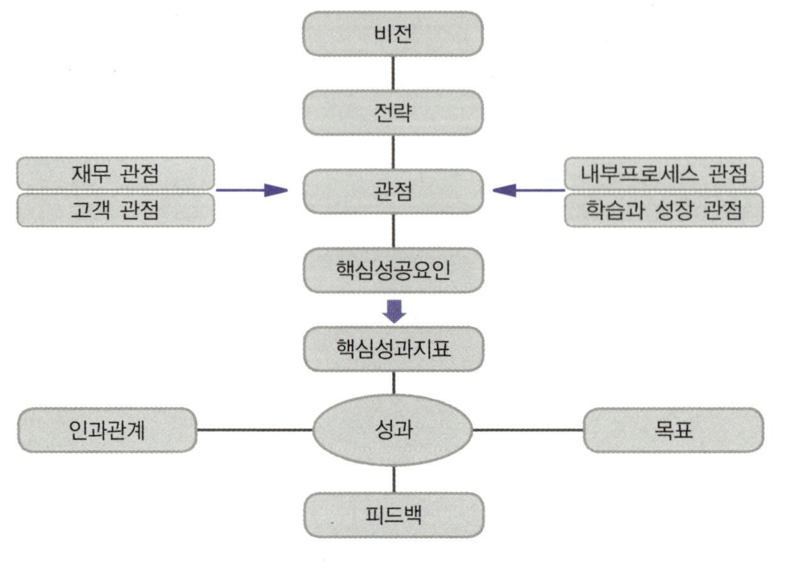

BSC 적용 framework

BSC 적용 framework은 다음과 같다.

첫째, 비전과 전략의 명확화 및 구체화다. 비전 및 전략의 명확화와 구체화는 핵심 성과지표별 목표설정 등의 형태로 나타나며, 이는 BSC의 대전제가 된다. BSC를 전략적 성과관리시스템이라고 표현하는 이유가 여기에 있다.

둘째, 계획과 목표의 수립이다. 전략목표를 어떻게 달성할 것이며, 달성된 성과를 어떻게 평가할 것인가가 성과평가의 주요한 내용이 된다.

셋째, 조직 및 인력과 정보 시스템과의 연계다. BSC는 원칙적으로 전사·부서·개인의 성과를 정보시스템과 연계하여 소프트웨어적으로 접근할 수 있어야 한다. 수작업에 의해 이런 성과평가가 이루어진다면 누가 그 결과를 신뢰하겠는가?

넷째, 전략적 피드백과 학습이다. 성과평가는 처음부터 좋은 결과만으로 나타나지는 않는다. 또한 전략도 최적의 전략을 찾기가 쉽지만은 않다. 해를 거듭하면서 성과결과를 부단히 피드백 받고 개선해 가는 노력이 있어야 향상될 수 있다. 지속적인 피드백과 개선 노력만이 좋은 성과를 이끌어 내는 지름길임을 강조하는 대목이라 보아야 할 것이다.

BSC 적용틀을 그림으로 살펴보면 [그림 5-2]와 같다.

그림 5-2 BSC 적용 Framework

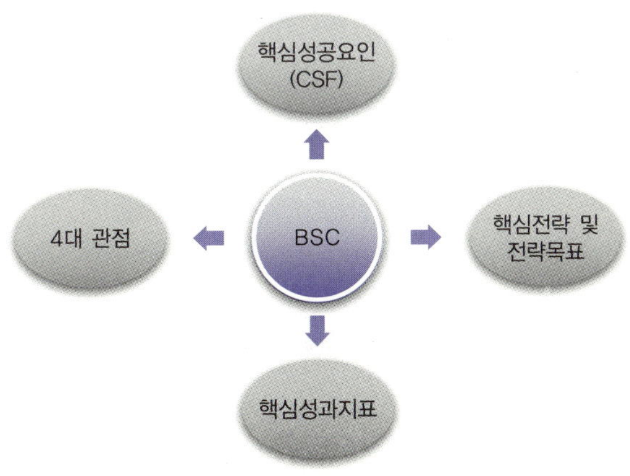

BSC 추진 단계

BSC 추진 단계를 그림으로 살펴보면 [그림 5-3]과 같다.

그림 5-3 BSC 추진 단계

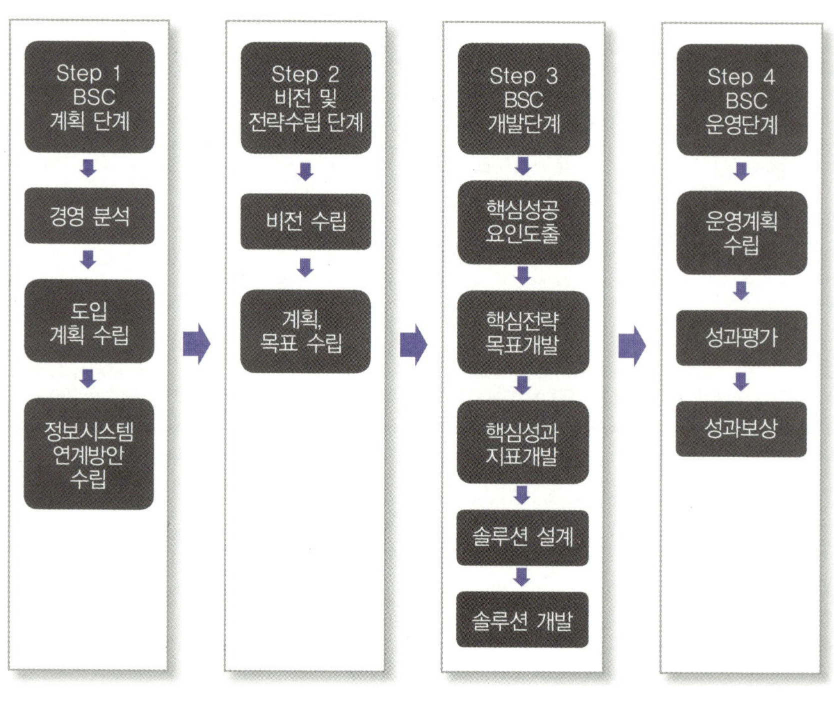

Strategy Map 작성

전략체계 접근 방법

전략체계도Strategy Map를 설계하기 위해서는 우선 자사의 핵심가치와 믿음, 즉 경영이념과 회사 또는 공기업의 설립 목적, 그리고 사명을 명확하게 설정하는 일이 필요하다.

우선 경영이념·목적·사명을 달성하기 위한 성공요인이 무엇인지를 살펴보고, 핵심 성공요인을 개발해야 한다. 그런 다음에는 핵심 성공요인을 뒷받침할 수 있는 핵심전략과 전략별 목표를 설정해야 한다. 그리고 BSC 지표를 개발하고, 지표별 목표치를 설정하여 실행함으로써 성과를 높이는 과정을 반복한다.

이런 과정을 거쳐서 성과평가를 실행함으로써 결과적으로 주주만족, 고객만족, 효율적이고 효과적인 업무 수행, 그리고 인재육성과 회사의 성장발전으로 이어지는 결과를 얻을 수 있는 것이다.

전략체계도를 살펴보면 [그림 5-4]와 같다.

그림 5-4 전략체계도

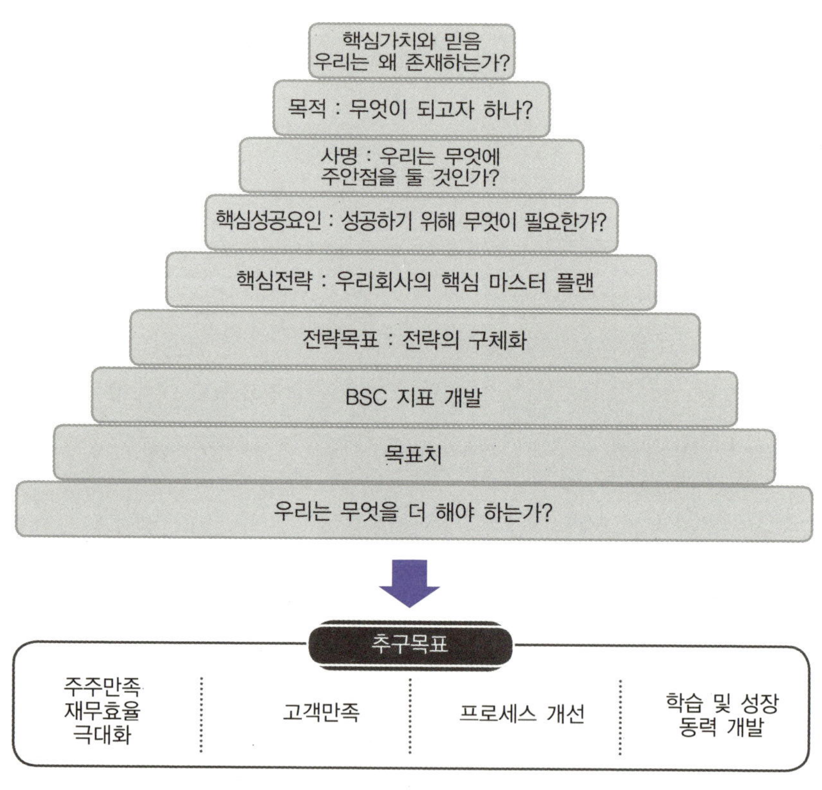

비전과 4대 관점의 연결

　비전과 4대 관점은 BSC에 있어서 불가분의 관계에 있다. 비전과 사명을 달성하기 위해서는 4대 관점을 여기에 어떻게 연계할 것인가가 중요한 요소가 된다. 비전과 4대 관점을 연계할 때 고려해야 할 사항은 다음과 같다.

　첫째, 재무 관점에서는 주주에 대한 배당 및 회사 성장 발전을 위한 투자재원 마련을 위해 재무효율을 어떻게 극대화할 것인가?

　둘째, 고객 관점에서는 비전을 달성하기 위해 고객들에게 어떻게 부여야 하는가?

　셋째, 내부 프로세스 관점에서는 출자자 및 고객들을 만족시키고 사명을 성취하기 위해서 어떤 비즈니스 프로세스에 탁월해야 하는가?

　넷째, 학습과 성장 관점에서는 비전을 성취하기 위해 직원들은 어떻게 학습하고, 의사소통하고, 협력해야 하는가? 등을 깊이 있게 분석하여 비전과 사명에 연계시키는 작업이 필요하다.

　비전과 4대 관점 연계도를 살펴보면 [그림 5-5]와 같다.

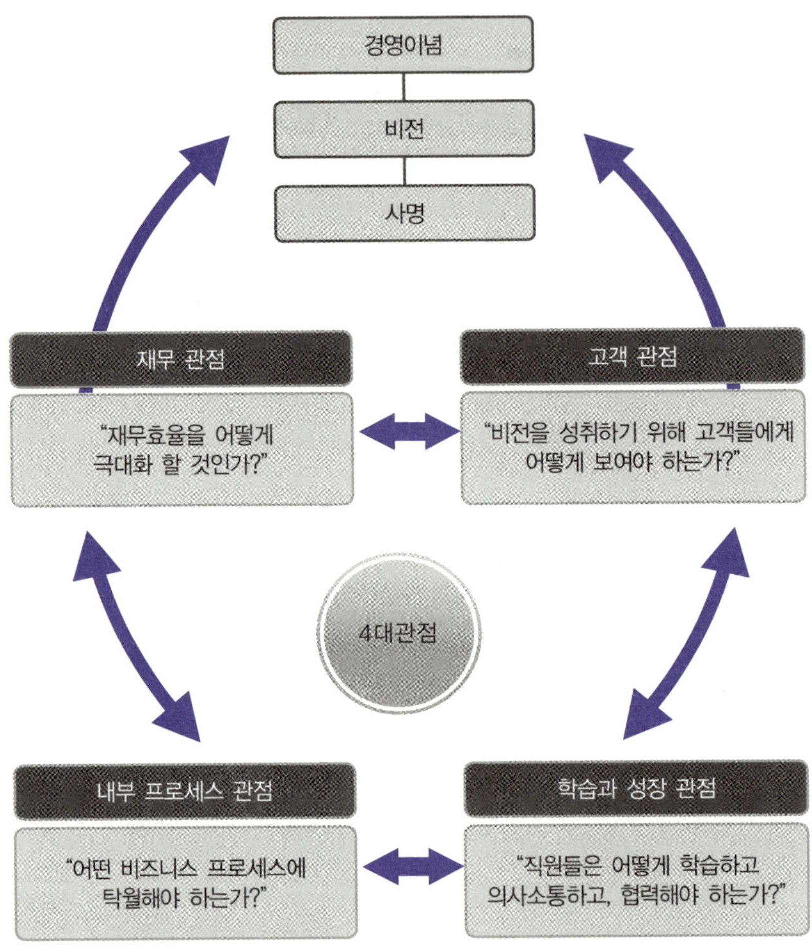
경영이념
비전
사명
재무 관점
"재무효율을 어떻게 극대화 할 것인가?"
고객 관점
"비전을 성취하기 위해 고객들에게 어떻게 보여야 하는가?"
4대관점
내부 프로세스 관점
"어떤 비즈니스 프로세스에 탁월해야 하는가?"
학습과 성장 관점
"직원들은 어떻게 학습하고 의사소통하고, 협력해야 하는가?"

03 관점 체계

재무 관점

  재무 관점은 어떻게 하면 장기 관점에서 주주의 주식가치를 극대화할 수 있을 것인가의 관점에서 필요한 핵심전략과 전략목표를 개발한다.

  재무 관점 개발체계를 살펴보면 [그림 5-6]과 같다.

그림 5-6 재무 관점 개발 체계도

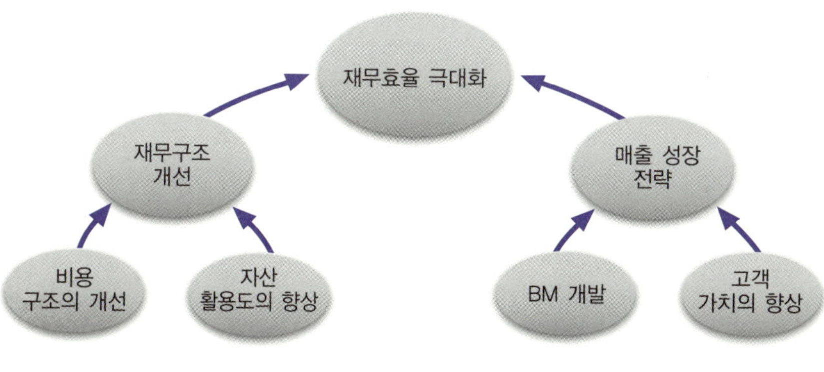

고객 관점

고객 관점은 매출실현을 위해 고객정보를 어떻게 관리하고, 고객을 어떻게 창출하며, 유지관리하고, 확대 재생산시켜 나갈 것인가의 관점에서 핵심전략과 전략목표를 개발한다.

고객 관점 개발 체계도를 살펴보면 [그림 5-7]과 같다.

그림 5-7 고객 관점 개발 체계도

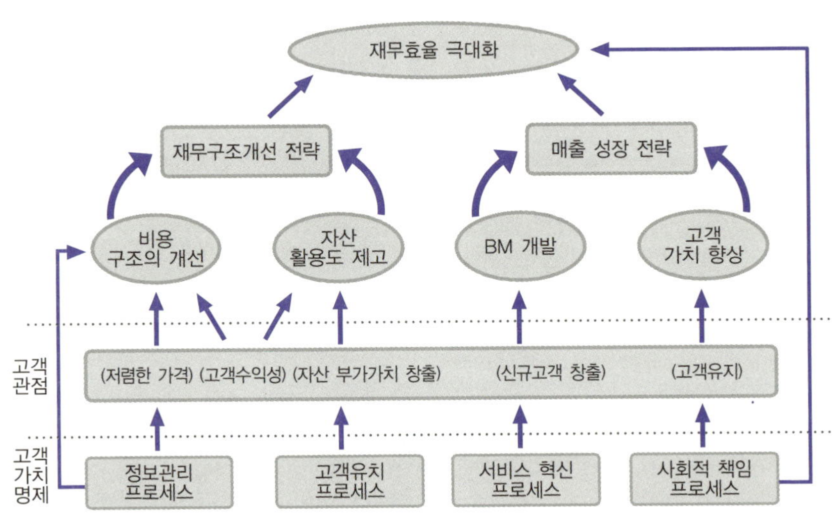

내부 프로세스 관점

　내부 프로세스 관점은 고객창출, 고객유지 및 고객성장을 통해 매출을 실현하고 수익을 창출하여, 결국 주주가치의 지속적 성장을 도모하기 위한 내부업무 및 행정 시스템을 개발하고 개선하는 데 필요한 핵심전략과 전략목표를 개발한다.

　내부 프로세스 관점 개발 체계도를 살펴보면 [그림 5-8]과 같다.

그림 5-8 내부 프로세스 관점 개발 체계도

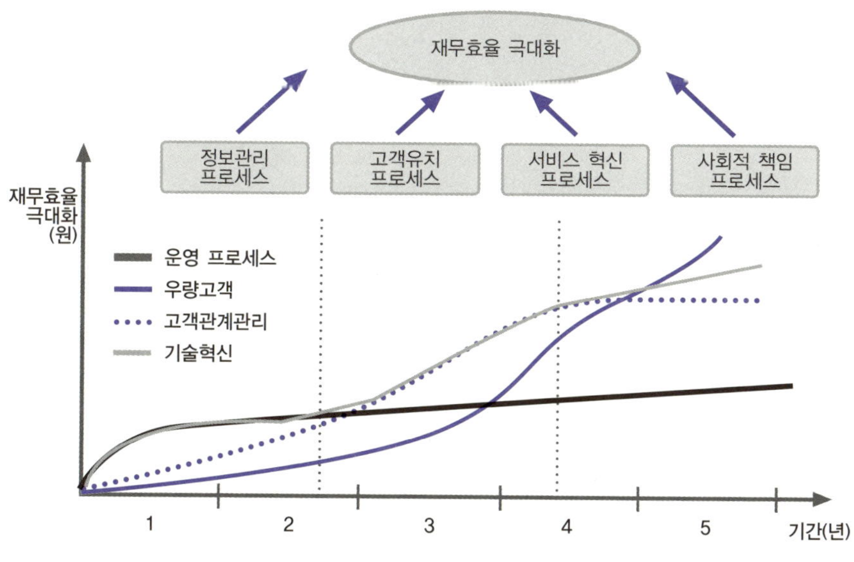

학습과 성장 관점

　학습과 성장 관점은 조직 및 인력의 효율적 관리, 즉 조직자산·인적자산·정보자산을 최대한 활용하여 내부 프로세스를 체계적으로 설계하고, 이를 통해 고객창출·관리·유지 및 성장을 효율적으로 수행하여, 결국 매출증대와 수익창출을 통해 주주가치를 창출할 수 있는 핵심전략과 전략목표를 개발하는 것이다.

　이런 일련의 과정, 즉 내부 프로세스를 설계하고, 고객을 창출하며, 매출 및 수익극대화를 통한 주주 가치창출은 결국 직원들에 의해 이루지는 것이다. 따라서 직원들의 역량강화를 위한 학습 및 성장 전략이야말로 4대 관점 체계의 근간을 이루고 있다고 보아도 과언은 아닐 것이다.

　학습과 성장 관점 체계도를 살펴보면 [그림 5-9]와 같다.

그림 5-9 학습과 성장 관점 개발 체계도

관점별 상호관계도

4대 관점 종합 관계도

4대 관점 종합관계는 성과지표 개발에 매우 중요한 의미를 갖는다. 왜냐하면 좋은 지표란 4대 관점 상호간에 인과관계가 높은 경우, 다시 말하면 지표상호간 시너지 효과가 높을수록 좋은 지표로 평가할 수 있기 때문이다. 하나의 지표가 하나의 목적만 달성한다면 그만큼 시너지가 약하지만, 하나의 지표가 지표 자체의 핵심 목적 외에 다른 관점에 영향을 많이 미친다면 그 지표는 전사차원에서 보면 복합적 성과를 창출하는 데 크게 기여하게 된다. 이것이 바로 4대 관점 상호간의 종합관계도를 연구하고 분석하는 이유다.

이런 관점에서 4대 관점에 대한 종합관계도를 살펴보면 다음과 같다.

첫째, 고객 관점과 재무 관점의 관계를 살펴보면 고객정보를 통해 고객을 창출하고 유지하고 성장시킴으로써 매출증대와 수익창출을 가져오게 되어 결국 재무건전화와 안전성에 기여하고, 종국에 가서는 주주가치 창출뿐만 아니라 기업경영의 힘이라 할 수 있는 여유자금 및 투자재원 확보의 기회를 창출하고 나아가 기업성장의 지렛대가 개발되는 것이다.

둘째, 고객 관점과 내부프로세스 관점 상호관계를 살펴보면 기업경영은 고객이 있어야 근본적으로 가능하고, 고객만족 내지는 고객성공을 통해 자사도 성장할 수 있기 때문에 고객을 떼어 놓고는 기업 성장을 이야기할 수 없다. 따라서 고객만족과 고객성공을 위해서는 고객개발, 지원 및 고객만족경영을 위한 내부 프로세스가 견고해야만 하는 것이다.

셋째, 내부 프로세스 관점과 학습 성장 관점의 상호관계를 살펴보면 내부 프로세스가 체계화 되고 견고해야만 조직 및 인력관리 효율이 높고, 인력관리 효율이 높아야만 회사 성장발전이 이루어진다. 결국 이 두 관점은 상호 관계가 매우 깊다고 볼 수 있다. 내부 프로세스가 견고해야 조직 및 인력의 효율성이 높아지고, 또한 조직 및 인력관리가 체계적으로 이어질 때 타사에 비해 내부 시스템도 견고해 질 수 있는 것이다.

넷째, 학습 및 성장 관점과 여타 관점 상호관계를 살펴보자. 조직 및 인력관리의 효율을 높이기 위해서는 학습이 필요하고, 효율적인 학습을 위해서는 직원에 대한 교육 시스템이 견고해야 한다. 또한 조직 인력의 효율화가 실현되면 회사는 성장발전의 원동력을 확보하게 된다. 그리고 이것이 고객만족으로 이어지고 종국에 가서는 매출과 수익으로 이어져 재무건전화에 기여하게 된다.

다섯째, 재무 관점과 여타 관점의 상호관계를 살펴보자. 학습을 통해 조직과 인력의 효율이 극대화 되고, 인력 효율화가 이루어지면 회사 성장발전은 자동적으로 이루어진다. 또한 회사 성장발전 과정에서 그 속도를 더하기 위해서는 내부 시스템 구축은 필수 요소가 된다. 이런 내부 시스템의 체계화를 통해 고객이 창출되고, 유지 및 확대 재생산됨으로써 결국은 재무건전화가 이루어 진다. 결국 이들 4대 관점은 상호 인과관계를 형성하면서 시너지를 발휘하여 회사 성상 발전의 밑거름이 되는 것이다.

여섯째, 결국 4대 관점 상호간의 관계는 주종관계가 성립하기 어렵고, 어느 관점이 더 중요하다고 말하기도 어렵다. 상호 밀접한 관계를 가지면서 회사 성장발전에 모두 기여하게 되는 것이다. 공기업이나 사기업을 망라하여 BSC 성과관리 시스템의 도입이 필요한 이유가 바로 여기에 있는 것이다. BSC 성과관리 시스템을 도입한 회사와 그렇지 않은 회사간의 2~3년 후 발전상은 큰 차이가 날 것은 자명한 이치이기 때문이다.

4대 관점 종합 관계도를 살펴보면 [그림 5-10]과 같다.

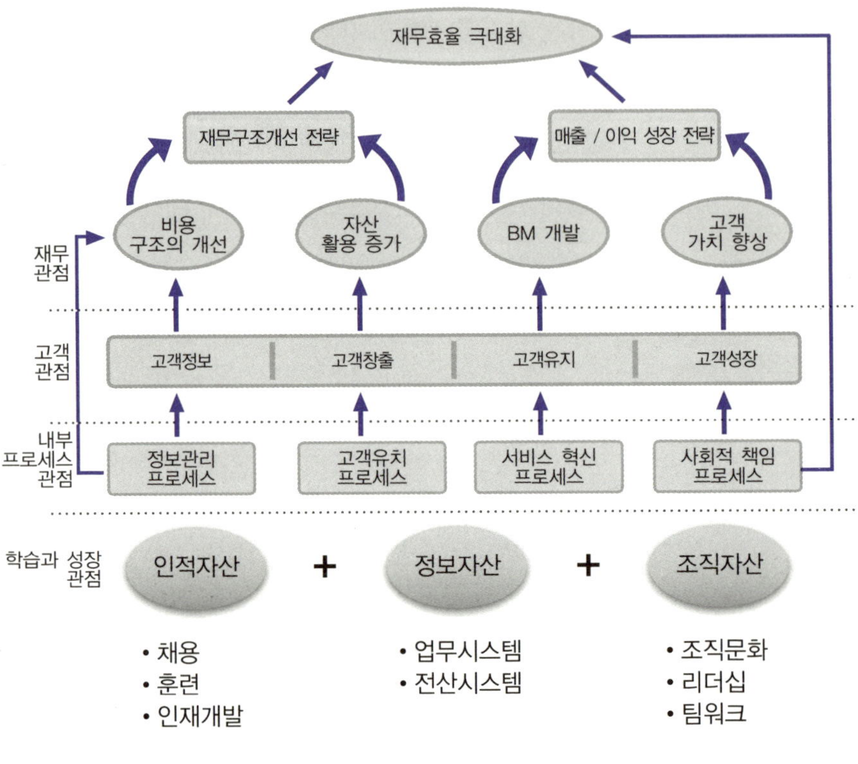
재무효율 극대화
재무구조개선 전략
매출 / 이익 성장 전략
비용 구조의 개선
자산 활용 증가
BM 개발
고객 가치 향상
재무 관점
고객 관점
고객정보
고객창출
고객유지
고객성장
내부 프로세스 관점
정보관리 프로세스
고객유지 프로세스
서비스 혁신 프로세스
사회적 책임 프로세스
학습과 성장 관점
인적자산
정보자산
조직자산
• 채용
• 훈련
• 인재개발
• 업무시스템
• 전산시스템
• 조직문화
• 리더십
• 팀워크

성과평가 지표개발

성과평가 지표개빌을 위한 Strategy map 설계

성과평가 지표를 개발하기 위해서는 먼저 Strategy map 설계가 선행되어야 한다. Strategy Map 설계 시에는 앞에서 살펴본 바와 같이 자사 비전과 사명을 상위 개념으로 하여, 이런 비전과 사명을 달성하기 위한 자사의 핵심 성공요인을 개발하고, 이를 토대로 4대 관점별 핵심전략과 핵심전략별 전략목표를 개발한다.

이와 같이 핵심 성공요인과 핵심전략, 그리고 전략목표가 설정되면 4대 관점에 따라 이런 핵심전략과 전략목표에 적합한 전사지표를 개발하고, 전사지표 달성을 위한 각 부서별 업무특성 등을 고려한 부서지표가 개발된다. 그리고 최종적으로는 부서지표를 팀 내 개인에게 배분하는 형태로 지표개발이 진행된다.

성과지표 개발을 위한 공기업의 Strategy Map 설계 사례를 예시하면 [그림 5-11]과 같다.

그림 5-11 공기업의 Strategy Map 설계 사례

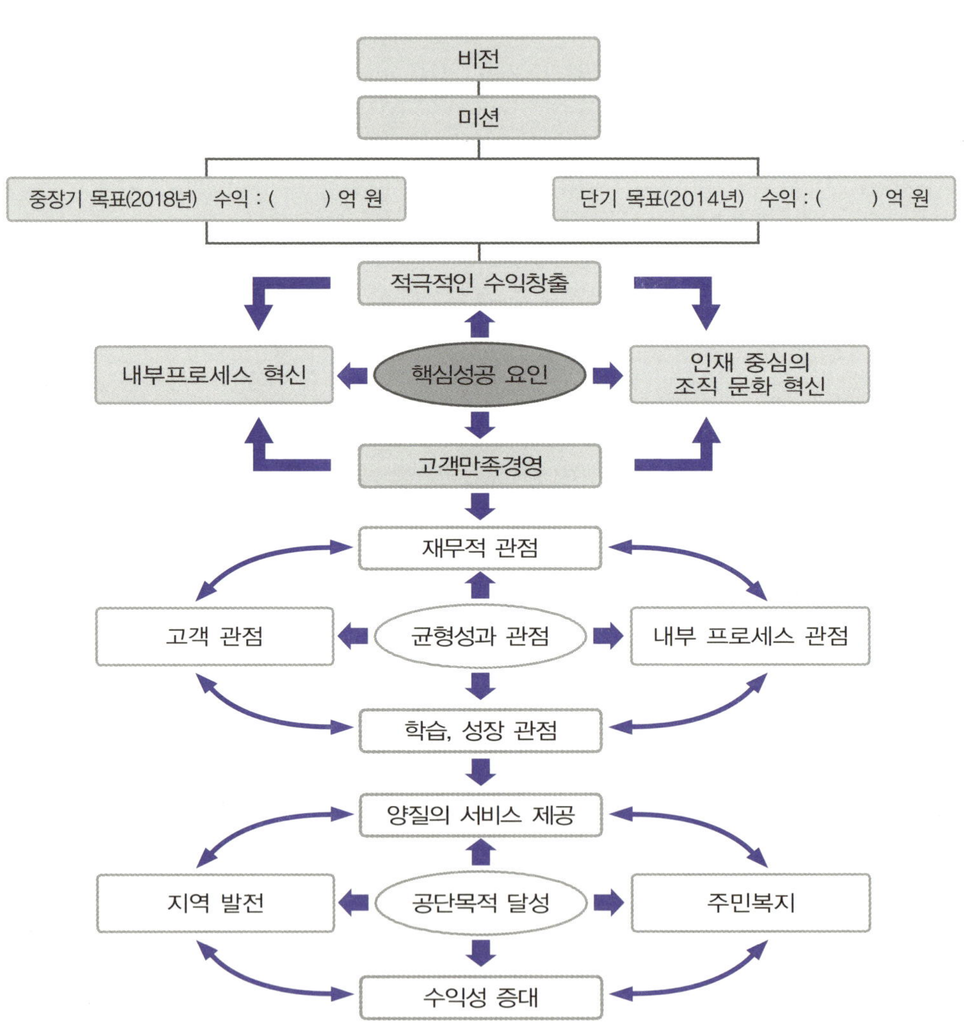

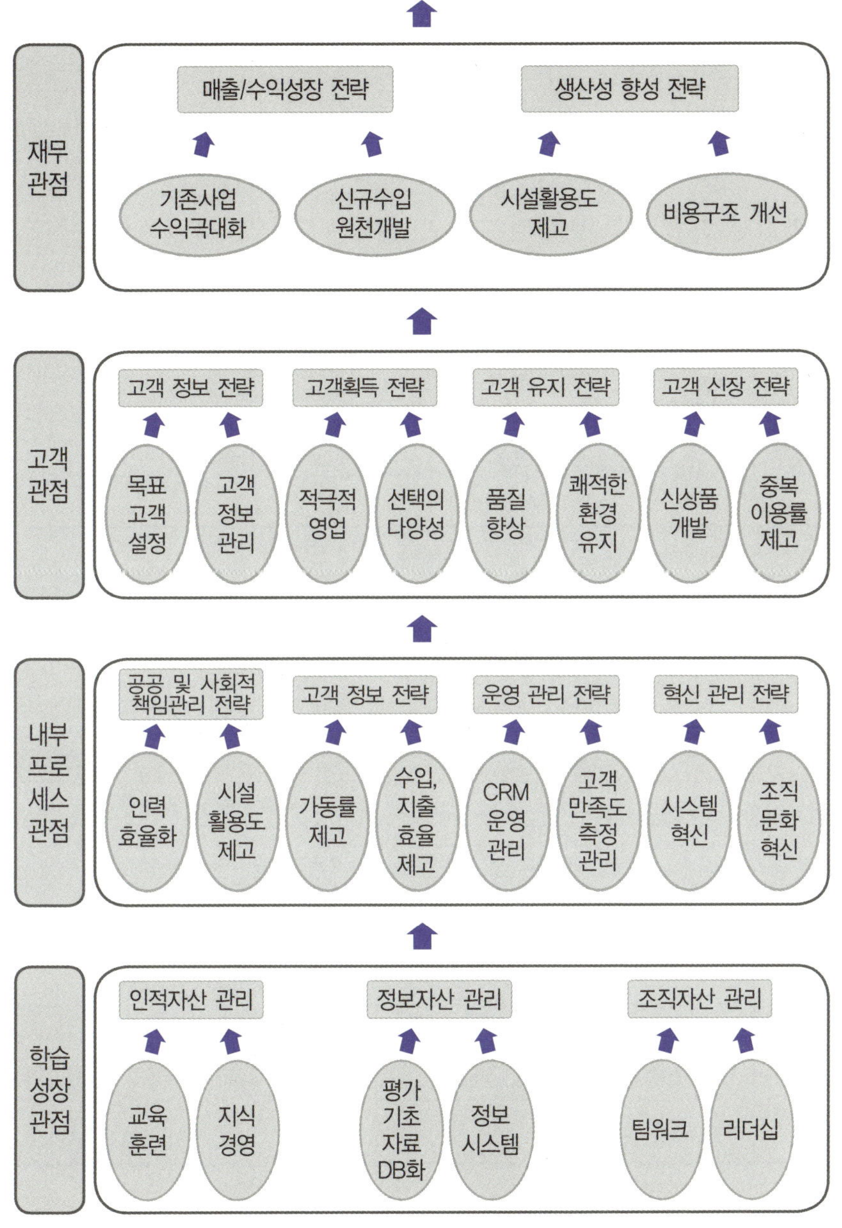
재무
관점
매출/수익성장 전략
생산성 향성 전략
기존사업 수익극대화
신규수입 원천개발
시설활용도 제고
비용구조 개선
고객
관점
고객 정보 전략
고객획득 전략
고객 유지 전략
고객 신장 전략
목표 고객 설정
고객 정보 관리
적극적 영업
선택의 다양성
품질 향상
쾌적한 환경 유지
신상품 개발
중복 이용률 제고
내부
프로
세스
관점
공공 및 사회적 책임관리 전략
고객 정보 전략
운영 관리 전략
혁신 관리 전략
인력 효율화
시설 활용도 제고
가동률 제고
수입, 지출 효율 제고
CRM 운영 관리
고객 만족도 측정 관리
시스템 혁신
조직 문화 혁신
학습
성장
관점
인적자산 관리
정보자산 관리
조직자산 관리
교육 훈련
지식 경영
평가 기초 자료 DB화
정보 시스템
팀워크
리더십

관점별 목표 및 평가지표 사례

Strategy Map에 의해 4대 관점별 핵심전략과 전략목표가 설정되면 전략목표별로 전사지표가 개발된다.

관점별 전략 목표와 성과지표 사례를 예시하면 [표 5-1]과 같다.

관점	핵심전략	전략목표	전사 성과지표
재무 관점	매출 / 수익 극대화 전략	• 기존 사업 수익 극대화	• 수입 규모 증가율 • 사업수익 목표 달성율
		• 신규 사업 개발 강화	• 사업 확대 및 다각화 목표 달성율
	재무효율 극대화 전략	• 시설 활용률 제고	• 시설 활용 신장률
		• 예산 및 비용관리 효율화	• 시설 관리 비용 절감율 • 사업수지 비율
고객 관점	CRM 전략	• 고객 DB관리	• DB관리고객 증가율
		• 고객 관계 관리	• 고객 정보시스템 개발 건수
	고객 창출 전략	• 서비스 경쟁력 제고	• 대 고객 서비스 평점 증감율
		• 영업력 강화	• 시설물 이용객 증감율
	고객 유지 전략	• 고객감동 경영	• 고객만족도 증감율
		• 쾌적한 시설 유지	• 시설 개보수 목표 달성율
	고객 확대 전략	• 신상품 고객 획득	• 신상품 개발건수
		• 중복 이용률 제고	• 2개 프로그램 이상 이용 고객수 증가율
내부 프로 세스 관점	공익성 확보 전략	• 공익성 제고	• 사업 및 운영의 공익성 확보 노력 건수
		• 책임경영	• 전년도 경영평가지적 사항 개선 건수
	시스템 경영 전략	• 전략계획 시스템화	• 경영계획 수립 목표 달성율
		• 고효율 실행관리	• 주간업무 계획 실적율
	성과중심 경영관리 전략	• 성과 시스템 구축	• 내부평가 제도 개선 목표 달성율
		• 성과 시스템 효율적 운영	• 내부평가의 활용 횟수
	혁신 관리 전략	• 관리 시스템 혁신	• 재난관리 시스템 하자 발생 건수
		• 조직 문화 혁신	• 내부고객 만족도 증감율
학습 성장 관점	인적자산 관리	• 맨파워 강화	• 자기계발 목표 달성율
		• 지식 경영	• 지식 경영 참여 건수
	조직자산 관리	• 조직 효율화	• 조직 효율화 개선 건수
		• 리더십, 팀워크	• 부서간 협력 요청 사항 적정이행율

[표 5-1] 공기업 워크숍 사례(핵심전략, 전략목표, 전사지표)

부서(팀) 및 개인 성과평가

부서(팀) 및 개인 성과평가 Flow

　전사평가 지표가 개발되면 각 부서 특성에 맞는 부서지표가 개발되고, 부서지표는 다시 부서 내 직원들에게 적정 배분율에 따라 배분됨으로써 BSC 솔루션을 개발하는 전 단계까지의 BSC 기본 골격은 모두 갖춰진 셈이 된다.

　BSC 도입을 위한 시스템 설계가 끝나면 그 이후에는 BSC 솔루션 개발 단계로 접어든다. 일반기업의 경우 BSC 솔루션을 자체적으로 개발하는 것은 인적 자원이나 노하우 측면에서 어렵기 때문에 BSC 개발 전문회사에 의뢰하여 개발하거나 앞의 BSC 시스템 설계와 함께 전문회사의 컨설팅을 받아 종합적으로 접근하는 것이 바람직하다.

　이렇게 BSC 시스템 구축 설계와 솔루션 개발이 완료되면 실제 운영에 들어가게 되는데, BSC 운영을 위해서는 종업원 30명이상, 외형 100억 이상의 기업 수준이라면 BSC 성과관리 전담자를 두고 운영하는 것이 바람직하리라 본다.

부서 및 개인의 성과평가 운영흐름을 살펴보면 [그림 5-12]와 같다.

그림 5-12 부서 및 개인 성과평가 운영 흐름

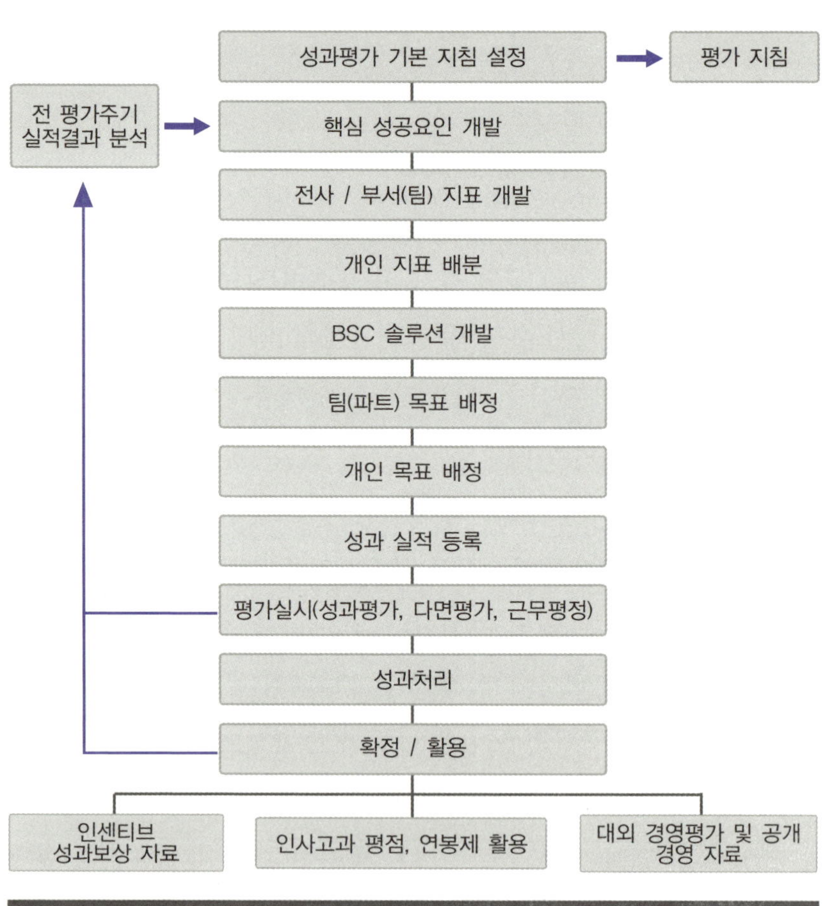

종합 성과평가 체계

BSC 개요에서 살펴본 바와 같이 M전략시스템 / 시스템경영진흥원이 개발한 종합성과 평가시스템은 근무평정, MBO/BSC, 그리고 다면평가로 이루어져 있다. 따라서 종합성과관리 시스템을 도입하는 경우에는 각 세부 평가범위에 따라 각각의 가중치를 어떻게 설정할 것인지 내부 의사결정 과정을 거쳐 시행된다. 일반적으로 부서장과 일반직원 간에는 이들 평가항목들 간의 가중치를 차등적으로 적용하는 것이 좋다.

부서장(팀장) 및 일반직원의 종합 성과평가 체계를 살펴보면 [그림 5-13] 및 [그림 5-14]와 같다.

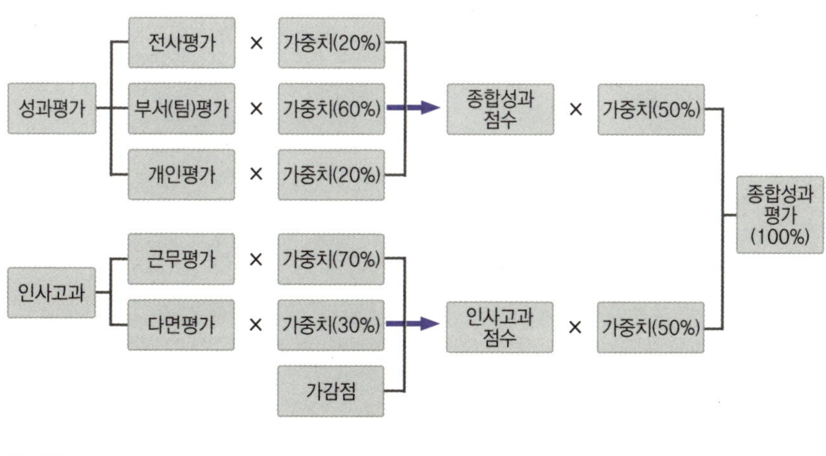

성과평가
전사평가 × 가중치(10%)
부서(팀)평가 × 가중치(30%)
개인평가 × 가중치(60%)
종합성과 점수 × 가중치(50%)
인사고과
근무평가 × 가중치(70%)
다면평가 × 가중치(30%)
인사고과 점수 × 가중치(50%)
종합성과 평가 (100%)

종합 성과평가 솔루션 엿보기

종합 성과평가 솔루션의 사례를 예시하면 아래의 [그림 4-16]과
같다.

그림 5-15 종합 성과평가 솔루션 운용 사례

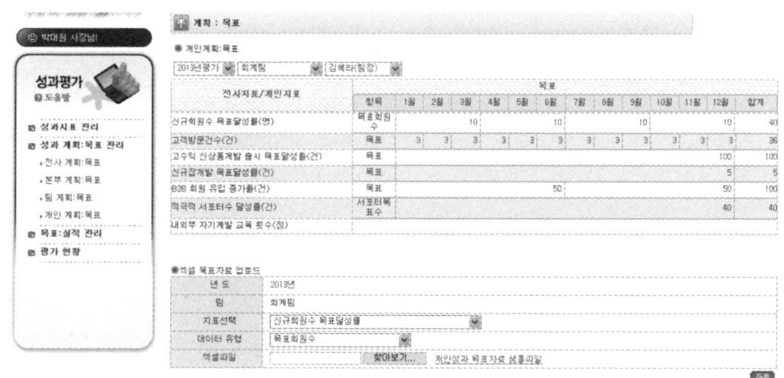

전사 계획 목표

개인 계획 목표

개인지표 설정

기본지표 관리

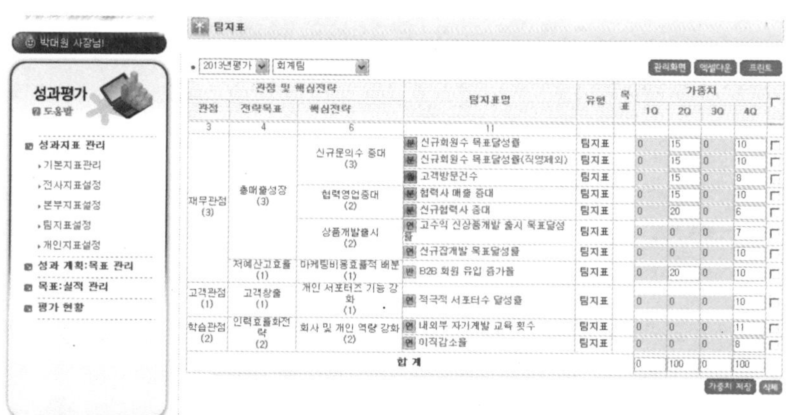

팀지표 설정

시스템경영 도입 및
경영주치의(고문) 활용 안내

시스템경영이란 무엇인가?

시스템경영이란 회사업무의 일반적 단계인 Plan(계획), Do(실행), See(평가) 기능을 상호 체계적으로 연계시켜 시너지를 극대화하고 각 단계별 업무를 시스템화 하여 실행함으로써 경쟁력을 제고시키는 고효율, 자율경영시스템을 말한다.

시스템경영의 추구 방향

☞ 비체계적 업무수행 관행을 체계적 업무수행으로 탈바꿈
☞ 방향성 없는 경영을 공감경영 및 VISION 경영으로 전환
☞ Low Quality & Low Speed경영을 High Quality & High speed 경영으로 혁신
☞ CEO 중심 경영을 조직에 의한 자율경영으로 전환
☞ 수직(업무집중)경영을 수평(업무분산)경영으로 변경
☞ 성과중심형 경영 실현

시스템경영 체계도

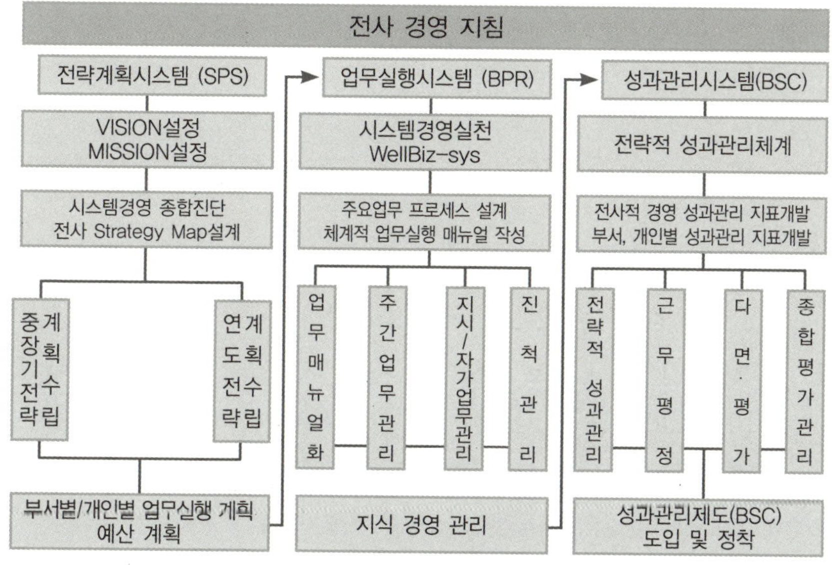

연단위 cycle – 체계화

시스템경영 도입의 필요성 및 기대 효과

☞ 업무의 질 3~5배 향상

☞ 업무 Speed 3~10배 제고

☞ 조직 및 인력관리의 효율화

☞ 인건비, 경비 등의 절감 효과

☞ CEO 없이도 돌아가는 경영시스템 구축

☞ 매출 수익 실적 제고

☞ 연봉제의 객관적 Data 생산 가능

☞ 합리적인 조직 및 인력 통제 가능

☞ 지식경영 실현

☞ 사내 커뮤니티 및 제안활동 활성화

시스템경영 도입 교육

교육 프로그램의 특징

☞ 박주관 박사의 24년간 시스템경영 기법 & 경영혁신 기법 전수 특별 과정

☞ 시스템경영 CEO / 사내 시스템경영관리사 (핵심참모) & 경영주치의(경영고문) 양성 통합 교육 프로그램

☞ 기업 현장에서 바로 적용할 수 있는 기업경영의 핵심인 전략계획 시스템 + 고효율 업무 실행 시스템 + 성과평가 시스템을 총망라한 전 직원 시스템 인재육성 특별 프로그램

☞ 시스템경영 실천 솔루션에 의거 업무를 수행함으로써 성과중심형 시스템 리더십 발휘 가능

☞ 교육 수료 후 시스템경영실천 WinTech포럼 운영으로 기업 CEO, 핵심참모와 컨설턴트 네트웍 구축 및 시스템경영 도입, 실천, 정착 사후관리 지속

☞ 경영주치의 제도 도입으로 외부 전문가를 시스템경영 전문 경영주치의(고문)로 활용 가능

주요 수강 대상

☞ 기업의 CEO, 핵심참모 및 전 임직원

☞ 경영지도사 & 기술지도사 등 전문컨설턴트

☞ 대기업 임원출신 및 금융기관 지점장급 이상 퇴직예정자 및 퇴
  직자

☞ 변호사, 변리사, 회계사, 세무사, 노무사, 벤처캐피틀리스트,
  M&A 전문가 등 전문직업인

☞ 기타 평생직업으로서 컨설턴트를 꿈꾸는 미래 전문 컨설턴트
  희망자

교육 일정, 장소 및 수강료

☞ 교육 일정 : 회사 신청시 수시 개강

(매주 일정 요일 13:30~18:30)

예) 목요반 / 금요반 / 월요반 / 화요반 / 수요반 등

총 8주 (같은 요일) / 1일 5시간 (13:30~18:30), 총 40시간 과정

＊교육 일정은 회사와 상호 협의 후 결정 :

매주 일정 요일 13:30~18:30 (5H)

☞ 교육 장소 : 업체 회의실 또는 교육장

＊교육 효과를 높이기 위해 수강신청 기업 회의실/교육장에서

동사 케이스를 가지고 교육 및 워크샵 진행

☞ 수강료

– 개별기업 및 업체 단체 참여시 : 업체당 1천만 원(부가세 별도)

– 컨설턴트 개인 참여 : 1백만 원(부가세 별도) / 1인당

＊ 본 교육은 단순한 교육이 아니라 교육 과정 중 참가 회사별로

자사 실정에 맞는 시스템경영 기본체계 구축 워크샵을 TFT

형태로 실시하고, 시스템경영 운영 솔루션을 실비지원(실비

업체 부담)하여 시스템경영을 도입, 실천할 수 있게 하는 시

스템경영 도입실천 과정이므로 회사당 최소 3명 이상 참가

(CEO참가시 효과 최고)를 원칙으로 함.

＊전문컨설턴트 및 경영주치의(경영고문) 희망자도 별도 수강

가능

교육 특전

☞ 회사 실정에 맞는 시스템경영 기본체계 구축 워크샵 진행 및
산출물 생산

* 워크샵 산출물
1) 자사 시스템경영 종합 진단
2) 자사 VISION (안)
3) 전사 Strategy Map 설계
4) MAIN업무 / 지원업무 프로세스 설계
5) 업무 표준 매뉴얼 샘플 작성
6) 부서별 KPI POOL 작성
7) 전사 / 부서 성과지표 (KPI) 개발
8) 개인별 성과지표 배분
9) 전사 KPI 목표설정 기준(안) 작성 및 성과 지표별 목표설정
10) 중장기 / 연도 전략계획 작성
11) 부서별 / 개인별 업무실행계획 작성
12) 성과평가 운영 지침(안) 작성 등

☞ 시스템경영 솔루션(업체 규모에 따라 4종으로 구성)을 기업경영에
바로 활용할 수 있도록 최저가 실비(최소 3백만 원부터 업체 규모
에 따라 차등) 별도부담 지원

☞ 별도 컨설팅 수진 희망 시 컨설팅 범위에 따라 업체 컨설팅료
차등 적용

☞ 교육수료 후 매월 시스템경영 실천 WinTech포럼 참가기회 제공
(입회비 / 연회비 부담)

☞ 희망기업의 경우 교육 수료 후 임직원 및 임직원 가족대상 인생
설계도 및 비전 & 꿈 보물지도 만들기 무료특강 기회 부여

교육 프로그램

교육 프로그램 내용 1

회차		강좌 내용
시스템 경영 입문	1일차 전반(2H)	시스템경영도입과 기업의 미래상
		시스템경영 종합진단 워크샵 / 실습 [산출물]
	1일차 후반(3H)	회사 VISION만들기 워크샵 진행 요령
		회사 VISION만들기 워크샵 / 실습 [산출물]
	2일차 전반(2H)	시스템경영 실천 우수기업 사례연구
		시스템경영 솔루션 활용과 시스템인재 육성 방안
	2일차 후반(3H)	전사 Strategy Map 설계를 위한 회사 경영핵심과제 및 개선방안 도출 워크샵 / 실습
		전사 Strategy Map 설계 워크샵 / 실습 [산출물]
실행관리 시스템	3일차 전반(3H)	업무 프로세스 설계 워크샵 진행 요령
		업무 프로세스 설계 워크샵 / 실습 [산출물]
	3일차 후반(2H)	ISO인증과 업무매뉴얼 시스템
		업무매뉴얼 작성 워크샵 / 실습 [산출물]
	4일차 전반(2H)	시스템으로 일 잘하는 직원의 7가지 습관 만들기와 시스템 리더십
		전자결재 시스템 & KMS 활용 실무 / 실습
	4일차 후반(3H)	고효율 업무 실행관리 시스템을 통한 CEO / 관리자 일상업무 리더십 롤플레잉
		고효율 업무 실행관리 시스템을 통한 실무자 일상업무 지도실습

교육 프로그램 내용 2

회차		강좌 내용
성과관리 시스템	5일차 전반(2.5H)	성과중심형 경영과 BSC 성과관리시스템
		성과관리용 직무명세서 작성 요령 및 KPI POOL 작성 워크샵 / 실습 [산출물]
	5일차 후반(2.5H)	전사 및 부서 KPI (안) 작성 워크샵 진행 요령
		전사 및 부서 KPI개발 워크샵 / 실습 [산출물]
	6일차 전반(2H)	개인 성과지표 배분 워크샵 / 실습 [산출물]
		전사 KPI 목표 기준설정 워크샵 / 실습 [산출물]
	6일차 후반(3H)	전사 KPI 목표설정 워크샵 / 실습 [산출물]
		부서, 개인 KPI 목표설정 워크샵 / 실습 [산출물]
전략계획 시스템	7일차 전반(2H)	전략계획 시스템
		중장기 전략계획수립 지도 워크샵 / 실습 [산출물]
	7일차 후반(3H)	연도 경영전략 계획수립 지도 워크샵 / 실습 [산출물]
		부서 및 개인 Action Plan 수립 지도 워크샵 / 실습 [산출물]
	8일차 전반(2H)	시스템영업 & 원가비용절감 시스템 (또는 특강)
		시스템 세팅 후 솔루션 전 직원 활용 교육
	8일차 후반(3H)	시스템경영 관리사 (3급) 자격 시험 시스템경영 관리사 (2급) 자격 필기시험 (실기시험 별도) [종합평가]
		토론회 / 수료식

시스템경영구축 및 정착을 위한 경영주치의(경영고문) 안내

경영주치의제 개념

☞ 경영주치의 계약을 통해 시스템경영 도입 및 정착 지도

☞ 연간 · 분기별 · 월별 경영주치의(고문) 일정 계획에 의거 수행

☞ 매월 일정 날짜를 정해 전사 시스템경영 성과 분석 정례 회의

경영주치의제 개요

경영주치의제 종합 흐름도

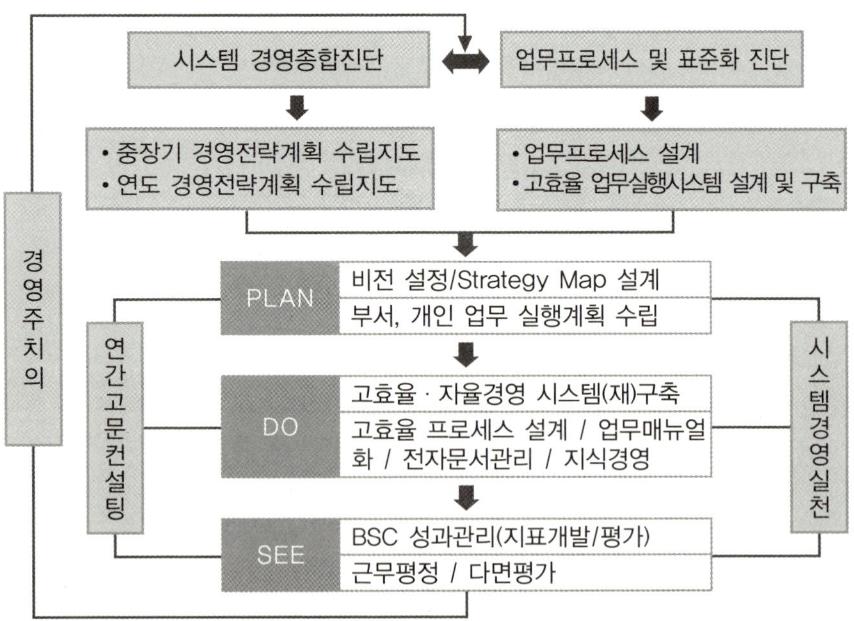

주요 경영주치의 내용

연간 자문 내용	주기
• 경영종합진단(강 · 약점분석, 전략요소개발)	연 1회
• 회사 비전 설정 및 전사 Strategy Map 설계	연 1회
• 중장기 / 연도 경영전략계획 수립지도	연 1회
• 부서별 · 개인별 업무 실행계획 수립지도	연 1회
• 전사 업무프로세스 설계 및 매뉴얼 작성 지도	수시
• 전사 · 부서 · 개인 성과지표 개발 및 운영 지도	연 1회
• 월별 · 분기별 시스템경영 업무추진 실적/시스템경영 실천 평가 관리	월별/분기별/연간
• CEO 시스템경영 실천 WinTech 포럼 참가	월 1회
• 핵심참모 육성 교육	분기 1회
• 전사 워크샵 특강 및 지도	분기 1회
• CEO/핵심참모 경영 자문 (시스템경영 솔루션을 통한 일상 자문 가능)	월 1~2회
• 시스템경영 컨설팅 및 솔루션 개발 • 시스템경엉 솔루션 A/S • 시스템경영 실천, 솔루션 활용 및 효율적 운영 지도 • **IPO 등 미래 성장발전 지렛대 개발**	컨설팅 연 1~2회 매월 1~2회 CEO 정례 미팅

주) 회사 상황에 따라 협의 운영 가능

경영주치의제 수행절차

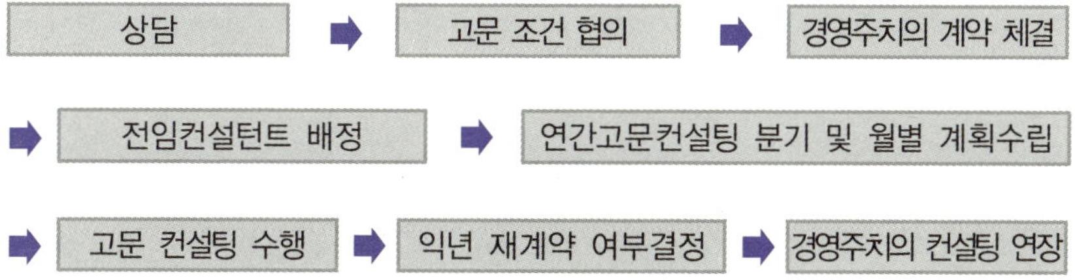

- 재약정시 매년 단위로 고문컨설팅 재설계 및 up-grade 수행
- 연간 고문 역할 수행내용 및 일정계획은 고문계약 체결 후 1주일 내에 상호 협의 결정

경영주치의제 효과

☞ CEO의 잔무탈피 및 핵심역량 강화
☞ 시스템경영 도입, 활용 및 정착으로 경영효율 및 생산성 증대
☞ 성과중심형 경영 가능
☞ 중간관리자 및 핵심참모 육성
☞ 장기 성장 및 지속가능 경영 도모
☞ 맞춤식 경영전략개발 가능
☞ 분기 · 월별 체계적인 성과관리 지도로 성과중심형 경영 실현
☞ 시스템경영 인재 육성
☞ 전 임직원에 대한 일 잘하는 직원들의 7가지 습관화 유도
☞ 시스템경영에 대한 월정례 평가회 주재로 지속적인 시스템경영 up-grade 실현 및 안정화 추진
☞ 좋은 기업을 넘어 위대한 기업으로 성장 발전

시스템 경영교육 / 경영주치의

상 담 신 청 서

1. 회사개요

회사명		대표자		
주소				
TEL 핸드폰	회사		E-mail	회사
	대표			대표
주생산품				
설립일		종업원수		
매출액 (최근기)		자본금		

2. 참가 상담신청

시스템 경영교육	경영주치의 & WinTech 포럼 상담 신청내용

3. 문의
- E-mail : mss@msystems.co.kr
- TEL (02)3141-3080(대)

위와 같이 시스템경영교육 / 경영주치의 도입을 위한 상담을 신청합니다.

년　　　　월　　　　일

신청 회사명 :

대표자 :　　　　　　　　(인)